U0361329

大夏书系·西方教育前沿

大卫·苏泽 等 著

方彤 黄欢 王东杰 译

Educational
Neuroscience

教育与脑神经科学

华东师范大学出版社

全国百佳图书出版单位

目　录

第二编　大脑研究与学校教学

第三编 与各类大脑契合的教学策略

前　言

大卫·苏泽

你是否对人们津津乐道的"与人脑契合的教与学"感到好奇而欲一探究竟？那么本书或许恰好就是急你所需的入门书。近20年来，教育学家、心理学家、神经学家一直在孜孜不倦地探索：人脑运作机制研究所获得的大量新知是否都可以应用于教与学之中。这种应用积少成多，逐渐蔚然成风。现在一门称作教育神经系统学的学科（或可称作"心智、大脑与教育研究"）已经确立，专门钻研大脑研究成果如何用于学校或课堂的教学活动，世界各地的教师也通过反思新的科研成果来改进他们的教学、课程和评价手段。

当今，教师和学校管理者一如既往地寻找各种途径，试图将基于脑研究成果而来的教学方法用于实践当中。科文书社（Corwin）是涉足这个领域的先驱，其编辑找到能将脑神经学研究成果化为科学的、有效的教学策略的作者。这些作者已经出版了数十种关于大脑研究的畅销书，有些书关注大脑发育与发展的新发现，有些书则详述适合所有学习者（包括学习读、写、算的，有特殊需要的，天资聪慧的学生）、与脑契合的教学策略。

如果你是现在才决定去了解大脑研究成果及其在教学中的应用，那么要读的书数量之多会使你应接不暇。既然如此，不如就读本书。本书是令人读起来津津有味的荟萃本，选录了八位声望卓著的作者各自专著中的精彩章节，他们用浅显易懂的语言阐明了如何将神经系统学研究成果用于不同的教学场合。

为了便于你了解教育神经系统学研究，本书分为三编：第一编聚焦于人脑的发展，包括论述人脑结构、人体运动、青少年大脑的奥秘等；第二编考察了大脑研究与学校教学之间的关系，包括论述识字之脑与识数之脑、男性之脑与女性之脑之间的差别、理解有学习障碍的学生的社会与学术需要等；第三编介绍了对所有学生都行之有效的各种教学策略，包括论述如何减轻课堂学习的压力，如何激活、吸引、振奋学生大脑等。

　　读完本书，你就能大体把握近年来教与学的知识宝库中有多少是汲取了神经系统学的研究成果，也能熟悉各种促使你的学生勤奋好学并学业有成的教学策略与技巧。我们期望本书也能吸引你去纵览各位作者专著的全貌，并将此作为你个人专业发展计划的主要一环。

　　教师是大脑的变革者，对大脑如何学习越能了若指掌，就越易在本职工作中取得突出业绩。

第一编
不断发展的人脑

第一章
人脑的结构与功能①

大卫·苏泽

借助对人脑的新的了解，我们开始朦朦胧胧地认识到，现在理解包括我们本人在内的人类，已达到前所未有的程度。这是本世纪最了不起的成就，甚至是迄今为止的整个人类史上最了不起的成就。

——莱斯利·哈特（Leslie A. Hart），《人类大脑与人类学习》

> **本章要点：**本章介绍了人脑的基本结构及其功能，探索了人从幼年到成年之间脑的发展历程和某些影响人脑发展的环境因素，同时讨论了今日的学生之脑与今日的学校及技术的冲击是否相容的问题。

成年人的脑是一团湿乎乎软塌塌的物质，状若核桃，大小如柚，重约 1.4 千克，只掌可托。人脑居于脊椎顶端，保护膜环绕四周，藏于颅骨之中。人脑无时无刻不在运转，甚至在人们酣睡时也不停息。尽管人脑的重量不过是体重的 2%，但消耗的热量则近人体的 20%！我们的脑筋动得越多，燃烧的热量也越多，或许这可以成为一种减肥新风尚，不妨将笛卡儿的名言"我思故我在"改为"我思故我瘦"！

---

① 选自大卫·苏泽著：How the Brain Learns，科文书社，2011 年。另外，由于本书各章是原文照录各位作者专著的内容，行文中若有"本书"、"本章"、"前面各章"或"下章提示"等字眼均指原专著及其章节，而不是指本书的章节编排，特此说明。——译者注

千百年来，人类大脑的研究者继往开来，已经留意了人脑的每一处景观，不断用拉丁文或希腊文给所见之处命名，从而逐步展现出人脑的整体形貌。他们分析人脑的结构和机能，力图用概念说明自己的一得之见。一个早期的概念从"位置"上将人脑分为三部分：前脑、中脑和后脑。另一个在20世纪60年代出现的概念——得到 Paul MacLean（1990）的推崇——则用"三个进化阶段"来说明人脑乃三脑合一：爬虫脑（脑干）、古哺乳动物脑（边缘区）和哺乳动物脑（额叶）。

为了便于清楚地说明问题，我们首先考察人脑的外表（图 1.1），然后再考察人脑的内部，并将其按基本机能分为三大部分：脑干、边缘系统和大脑（图 1.2）。

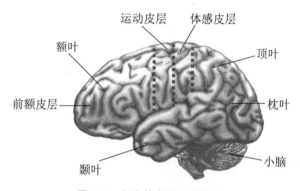

图 1.1　人脑外表的主要部位

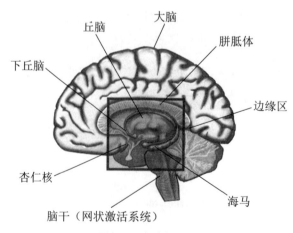

图 1.2　人脑剖面图

人脑外表的主要部分

人脑的各叶及其机能

尽管每个人脑中小皱褶各不相同，但大皱褶则毫无二致，这些大皱褶在每个大脑半球中形成四个称作"叶"的区域，每叶发挥着专司其职的特殊机能。

额叶。处于人脑前端的是*额叶*，处于前额后面的叫做*前额皮层*，它们组成人脑中凭理性而发号施令的行政指挥中心，主管规划和思考，处理诸如监测高级思维、设法解决问题、调节过激情绪等事务。额叶中有块地方与人们的"自我意志"（有些人或许称之为"个性"）息息相关，额叶受到了损伤，就可能导致人们的行为或个性前后判若两人的突变，有时这种突变一辈子不可逆转。由于人们大部分可激活的记忆都储藏在额叶，此处成为人们注意力"聚焦"的地方（Geday & Giedde，2009；E.F. Smith & Jonides，1999）。额叶成熟得相当缓慢，采用磁共振成像技术（MRI）对20来岁年轻人脑部的研究表明，额叶此时仍在继续生长。如此看来，青少年的额叶尚不具备全面控制过激情绪的能力（Donsenbach et al.，2010），这就是青少年与成人相比为何更易凭一时兴起而采取高危行为的重要原因之一。

颞叶。*颞叶*居于耳朵上面，主管发声听音、鉴形辨貌等活动，兼备某些长时记忆的功能，左右颞叶还是言语中枢，虽然通常只由左颞叶独当此任。

枕叶。头部后端有一对*枕叶*，视觉信息的处理几乎全由此处承担。

顶叶。*顶叶*靠近头顶，主管空间定向、数字计算、再认类型等事项。

> 由于青少年的理智系统成熟缓慢，他们往往感情用事。

运动皮层和体感皮层

在顶叶与额叶之间，有两条横跨头顶连接双耳的"带子"，靠近前额的称作*运动皮层*，此处控制身体运动（关于这点详见后文），并与小脑共同协调运动技能的习得。运动皮层的后面、处在顶叶开端处的是*体感皮层*，该区处理由身体各部位接收的触感信息。

人脑内部的主要部分

脑干

脑干是人脑中发育最早也埋藏最深的区域，因其形状犹如爬虫的全脑，常常被喻为"爬虫脑"。人体中 12 条体感神经中的 11 条直接与脑干相连（只有嗅觉神经直接与边缘系统相连），重要的生命机能如心跳、出汗、体温、消化等都由脑干监测与控制。脑干还是网状激活系统（reticular activating system，RAS）的所在地，人脑觉知水平的高低取决于这个系统，下章将对此做出更详细的说明。

边缘系统

脑干之上与小脑之下的地方聚集着一些结构体，一般统称为边缘系统，有时也叫做古哺乳动物脑。边缘系统曾被当做独自发挥功能的实体，现在许多研究者认为这种观点已经陈旧过时，因为边缘系统的所有组成部分与人脑中许多其他区域其实都存在着桴鼓相应的互动关系。

边缘系统中的大多数结构体都是"复制品"，在人脑的左右半球都有彼此对应的部分，这些结构体发挥着各不相同的机能，比如激发情绪、处理情绪记忆等。由于边缘系统处在小脑与脑干之间，则为情绪与理智开辟了相互影响的场所。

边缘系统中的四个结构体对学习与记忆来说十分重要，分述如下：

丘脑。所有通过感官接受的信息（嗅觉除外）都先径直到达丘脑（希腊文的学名意为"内室"），然后由此处再传递到人脑的其他部位，以便得到进一步的加工处理。大脑和小脑也把信息传递给丘脑，使之从事包括记忆在内的许多认知活动。

下丘脑。丘脑下面的结构体即为下丘脑，丘脑监测来自体外的信息，下丘脑则监测体内的各个系统以维持身体的正常状态（称作*体内平衡*）。下丘脑通过控制各种激素的释放量来调和身体机能，如睡眠、体温、饮食等。如果一名学生的体内系统失调，他就难以集中精神对课程材料进行认知上的处理。

海马。靠近边缘区底部的结构体因其形状被称作"海马"，对巩固学习成果起着关键作用，它能将操作记忆中的信息通过电讯号转换成长时记忆中的信息，这一过程可能要费数日或数月才能完成。海马一刻不停地核对转送到操作记忆中的信息，并将此种信息与已存储的信息做出比较，这一过程对推陈出新必不可少。

海马这种长时记忆的机能最先是通过一些病人揭示出来的。有些人因病损伤了海马或切除了海马，这些患者在手术前对所有往事记忆犹新，而在手术后则忘得一干二净。如果有人今天将你当面介绍给他们认识，明天他们就将你当成素不相识的生人，因为他们仅能记起几分钟前的事情。他们反反复复地阅读同一篇文章，可每次重读都认为自己是第一次看到这篇文章。脑部扫描业已证实，海马具有长时记忆的机能，如果有人患了阿尔茨海默病（俗称老年痴呆症），就会不断地毁灭海马中的神经元，导致失忆。

近来对脑损伤病人的研究还表明，尽管海马在回想事实、物体、场所方面可以做到历历可数，但似乎在追忆个人的经历上却不那么精准周全（Lieberman，2005）。最近还有一个出乎意料的发现，成人脑中的海马仍具产生新神经元的能力——这一过程称为"*神经生成（neurogenesis）*"（Balu & Lucki，

神经生成——即新神经元的成长——可通过日常饮食和身体锻炼而增强，会因长期失眠而削弱。

2009）另有研究证实，这种神经生成的形式对学习和记忆有重大的影响（Deng, Aimone, & Gage, 2010；Neves, Cooke, & Bliss, 2008）。许多研究同样显示神经生成的能力可通过日常饮食（Kitamura, Mishina, & Sugiyama, 2006）和身体锻炼（Pereira et al., 2007）而增强，会因长期失眠而削弱（Meerlo, Mistlberger, Jacobs, Heller, & McGiny, 2009）。

杏仁核。附在海马一端的结构体依希腊文的学名意为"杏仁核"，对情绪，尤其是恐惧起着重要作用。它可以调节个体对所处环境的反应，从而使个体做出事关生存的抉择，诸如攻击、逃避、求偶或觅食。

鉴于杏仁核临近海马及其映射在正电子发射型计算机断层扫描图（PET scans）中的活动，研究者认为它可以给情绪信息编码，经过编码的某种情绪进入长时记忆之中可随时经触发而复现。当前难下定论的是，是否情绪记忆本身就储存在杏仁核之中。有人认为或许记忆中的情绪成分储存在杏仁核，而认知成分（名称、日期等）则储存在其他地方（Squire & Kandel, 1999）。一旦人们回忆起往事，也就回忆起与此相伴的情绪，这就说明了为什么那些想起大喜大悲往事的人，通常会再品尝一遍大喜大悲的滋味。杏仁核与海马之间的相互影响也就确保我们念念不忘的经历全是令人百感交集的大事。

教师当然希望自己的学生牢记所教的知识，可脑中主管长时记忆的两个结构体竟然坐落在脑中的*情绪区域*。认识到这一点的确令人感到有值得玩味的地方，如何理解情绪和认知学习及认知记忆之间的联系将在余下各章探讨。

> **试题：**主管将所获信息储存在长时记忆中的结构体位于人脑中的理智系统。
>
> **答：**错，这些结构体位于人脑中的情绪（边缘）系统。

大脑

大脑犹如果冻，柔软湿滑，是人脑中最大的部分，其重量约为人脑的

80%。[①] 大脑的表面呈灰白色，凹凸不平形成皱纹。陷下去较深的地方称为"*裂（fissure）*"，较浅的地方称作"*沟（sulcus）*"，隆起的地方称作"*回（gyrus）*"。一条从脑前到脑后的浅沟将大脑从中隔开，分成左右对称的两个"*大脑半球（cerebral hemispheres）*"。出自某些至今还不知晓的原因，身体左侧的神经跨向右半球，而身体右侧的神经则跨向左半球。一条由2亿多个神经纤维组成的"粗缆"，称作"*胼胝体*"（corpus callosum），将大脑左右半球连接起来，使它们能互通信息，协调活动。

大脑半球由极薄但极韧的皮层（cortex/ 意为"树皮"）覆盖着，厚度约为1/10英寸[②]，但因它是折叠而成的，铺开的表面积如一幅2平方英尺[③]的大餐巾。皮层由六个细胞层组成，里面的细胞密密麻麻，将细胞纤维连接起来，每立方英寸就长达1万英里[④]！人类的大多数行为都发端于大脑皮层，思维、记忆、言语、肌肉运动由大脑的各区域掌控，皮层通常被称作灰质。

薄薄的皮层中的神经元围聚成主干，主干的枝杈穿透细胞层进入底下称作"白质"的密网，在此处神经元相互连接，形成各种发挥特定功能的神经网络。

小脑

小脑也是由两个半球组成的结构体，靠在脑干背面位于大脑后端的下面，其重量约为人脑的11%。小脑皱褶深密，簇聚一堆，其间的神经元超过人脑所有其他地方的总和，整个小脑的表面积相当于一个大脑半球。

该区协调运动。因为小脑监测肌肉中神经末梢的活动，对有条不紊地完成

---

① 英文的"脑"（即 brain）常被中译为"大脑"，其实"大脑（即 cerebrum）"实为"脑"的一部分。本书中若不涉及脑的组成部分，为求行文方便仍将"brain"译为"大脑"，但若可能导致歧义时则将两者分译以示区别。——译者注

② 1 英寸 =2.54 厘米。——译者注

③ 1 平方英尺 =0.09 平方米。——译者注

④ 1 立方英寸 =16.4 立方厘米，1 英里 =1.6 公里。——译者注

复杂的运动任务起着重要作用。譬如，可以调整和协调各种指令去用臂挥舞高尔夫球杆、用脚迈出轻盈的舞步、用手将杯子点滴不漏地端到唇边等。小脑或许还能存储有关自动化行为的记忆，如不看键盘打字或系鞋带等。正是小脑有这种促使行为自动化的功能，有关行为可以熟能生巧，越做越敏捷，越做越精确，越做越省力。小脑还可对运动任务进行心理演练，这种演练同样能使有关行为精益求精，提高效能。一个小脑受到损伤的人，会变得迟缓僵硬，难以做出精细的动作，如接球或握手。

最近的研究表明，以前人们低估了小脑的作用。现在研究者认为，小脑还是协助认知处理的结构体，能协调和微调人们的思维、情绪、感觉（尤其是触觉）和记忆。由于小脑连接脑中执行心理或感觉任务的区域，就能自然而然地引发所需的必要技能，不必靠意识瞻前顾后地考虑活动细节。这样脑中的意识部位就会腾出空儿去关注其他的心理活动，从而扩大了认知范围。人们认知能力的扩大多半归功于小脑，因为它能促使名目繁多的心理活动自动化。

脑细胞

人脑由 1 万亿细胞构成，已知的脑细胞至少可分为两类：神经细胞和胶质细胞。神经细胞称作*神经元*，约占脑细胞总数的 1/10，将近 1 千亿；大多数脑细胞为胶质细胞，能将神经元粘合在一起，并起到滤器的作用，可防范有害物质接触神经元。最近的研究表明，有些形态似星的胶质细胞，称作*"星状细胞"*（*astrocytes*），还能调节神经元传导信息的速率，因其附着在血管上，可以当做向脑供血通道上的"路障"。血流中有些扰乱脑细胞活动的物质，而"路障"则对保护神经元免遭这些物质的侵袭起着重要作用。

神经元是人脑和整个神经系统发挥功能的核心，大小各异，但每个脑神经元的主体都约为英语句末句点大小的 1/100，西班牙神经学家 Santiago Ramony Cajal（1989）在 19 世纪末最先发现了这些脑细胞。与其他细胞不同，每个神经元（见图 1.3）从其中心处伸出成千上万个称作*"树突"*的枝桠，这些树突接受来自其他神经元的电冲动，并将这些冲动沿着一条称作"*轴索*"的长纤维传导出去。一般说来，每个神经元仅有一条轴索，每条轴索套裹在一层叫作"髓鞘"的组织中，髓鞘将轴索与其他细胞隔离并可加快冲动传递的速度。神经元的电冲动沿着神经元传导，2/10 秒即可传遍一个身高 1.8 米的成人全身，每个神经元传导的冲动次数在每秒 250 ～ 2500 之间。

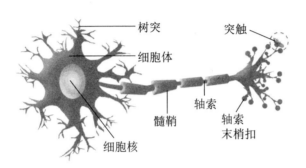

图 1.3 神经元沿着轴索穿过突触（虚线圈）将讯号传递到邻近的神经元。髓鞘保护轴索并增加传递的速度

　　神经元之间并无直接接触，树突与轴索之间有处称作"*突触*"的百万分之一英寸的豁口。一个神经元通过树突接受来自其他神经元的讯号，而树突表面在突触处伸出上千个叫做"*树突刺*"的小鼓包，神经元沿着轴索把电活动的尖峰讯号（冲动）传递到突触，由此处释放出储藏于*突触囊*（位于轴索末梢，见图 1.4）中称作"*神经介质*"的化学物质，或可刺激或可抑制附近的神经元活动。迄今已发现 50 多种神经介质，较常见的有乙酰胆碱、肾上腺素、血管收缩素、多巴胺等。突触的变化可以产生学习，神经元的相互影响也由此改变。

　　大脑的物质世界与大脑主人的工作之间似乎存在着直接联系，近来对不同职业的从业人员（如专业乐师）的研究表明，某职业的技能要求越复杂，从业人员脑中神经元上的树突数量则越多，而树突的增加使神经元之间的联系增加，从而产生更多的学习成果储存所。

　　成人的脑中约有 1 千亿神经元，相当于当下全球人口的 16 倍或太空银河系的群星总数，每个神经元可伸出

信不信由你，在区区一个人脑中，突触连接点的数目可能高达 1, 000, 000, 000, 000, 000, 000。

多达1万条的树突,这意味着一颗人脑中的突触联系点有可能达到千的五次幂之数(1的后面有15个0)！有如此令人难以置信的数不胜数的连接,人脑足以游刃有余地处理从感官中源源不断输送来的信息:储存数十年来的往事、面孔、地点;学习各种语言;以地球上其他生物个体不可企及的独特思维方式组合资料,而这种令人叹为观止的成就,其"发祥地"不过是区区1.4千克且软塌塌的人脑！

从前人们普遍认为,神经元是一种不可再生的人体细胞,不过,前文已指出,研究者已经发现,成人的人脑至少在一个地方——海马——的确还在更新神经元。这个发现促人深思:人脑的其他地方是否还有神经元的再生,如果有的话,那么是否刺激这些地方,就有可能修复或治愈受到损伤的人脑,尤其是可能治疗阿尔茨海默病的患者。当今对阿尔茨海默病的治疗研究就是试图采用各种方法,阻隔触发导致神经元死亡的机制。

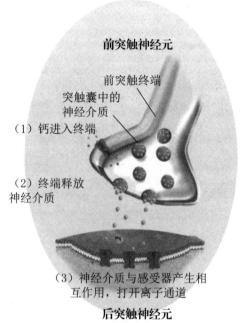

前突触神经元

（1）钙进入终端　前突触终端　突触囊中的神经介质

（2）终端释放神经介质

（3）神经介质与感受器产生相互作用,打开离子通道

后突触神经元

图1.4　神经冲动由突触囊中称作神经介质的化学物质带过突触。

镜像神经元

科学家利用功能性磁共振成像技术（fMRI）发现,[①]一个人脑中前运动皮层（运动皮层前面的部位,主管筹划人体运动）中簇集的神经元一发光,随即就会出现某种预定的人体运动。令人感到好奇的是,当一个人看到旁人在进行同样的运动时,这些神经元也发光。譬如,被试抓住咖啡杯之前的这些神经元发光

---

① 又译"功能性磁振造影",是一种新兴的神经影像学方式,其原理是利用磁振造影来测量神经元活动所引发的血液动力改变,目前主要应用于人和动物的脑或脊髓研究。

样式与被试看到其他人抓住咖啡杯时的发光样式一模一样。这样，人们之间类似的脑部位就身兼二职：既负责自己人体运动的产生，也负责对他人人体运动的感知。神经学家认为，这些*镜像神经元*可能有助于一个人解码他人的意图，从而预测其行为。镜像神经元能使我们自己复现他人的体验，了解他人的情绪，设身处地地领悟他人的内心世界。看到他人脸上厌恶或欢快的表情，我们的镜像神经元就触发自身类似的情绪，宛如他人的行为和感受就是自己的亲历亲为。

镜像神经元或许还能解释幼儿模仿他人的微笑及许多其他行为的拟态现象，其实所有人对此都有亲身体会：当我们看到别人打哈欠，就不由自主地忍住打哈欠。神经学家认为，镜像神经元还可能说明至今仍是待解之谜的许多心理行为。例如，有实验表明，自闭症的儿童就有镜像神经元系统的缺陷，或许这就是为何自闭症儿童不能揣摩他人意图和心态的原因（Oberman et al.，2005）。研究者还觉察到镜像神经元在发展人们明晰连贯的口语表达能力方面也起到重要作用。

脑的燃料

脑细胞把氧与葡萄糖（糖的一种）作为燃料消耗，脑中处理的事务越艰难，燃料就消耗得越多。因此，要使脑发挥出最佳功能，就必须拥有足以

> 许多学生（也有他们的教师）早餐不吃，饮水不足，一天中缺乏丰富的葡萄糖和足量的水来保证他们大脑的正常运转。

致用的这些物质。血液中缺糖少氧会使人无精打采，昏昏欲睡。适当地吃一些含葡萄糖的食物（水果是其中的上品）可以大幅提升操作记忆、注意、运动机能的效能与精确性（Korol & Gold，1998；Scholev，Mose，Neave，& Wesnes，1999），以及改善长期认知记忆（Sünram-Lea，Dewhurst，& Foster，2008）。

水对脑活动的顺利进行同样重要，因为需要用水将信号输送到全脑各处，缺水就会降低信号传递的速度与效率。此外，水还能维持肺部的湿漉滑润，从而有效地将氧输送进血流之中。

许多学生（也有他们的教师）早餐不吃，饮水不足，一天中缺乏丰富的葡萄糖和足量的水来保证人脑的正常运转。因此，学校应该制定早餐计划，让学生知道血液中必须有足够的葡萄糖含量，同时还要使师生尽量多喝水，建议人在一天中适当的饮水量为：每 25 磅（11.35 千克）的体重就应饮水 8 盎司（226.8 克）。①

儿童的神经元发展

人的神经元萌发于受孕后四周形成的胚胎之中，随后以不可思议的速度急剧增长。在怀孕后的前四个月已形成 2 千亿个神经元，不过到第五个月将有一半消亡，因其不能与日益壮大的胚胎的任何部位连接。这种神经元的毁灭源自人类与生俱来的遗传程序，其目的是确保留存那些已经形成连接的神经元，同时避免人脑中挤满滥竽充数的神经元。到怀孕后的第六个月，大脑开始生长自己禀赋神奇的皱褶，形成的沟回使人脑具有了沟壑纵横的外貌。如果此时母亲食用任何药物或酒精，就可能干扰脑细胞的生长，增加胎儿药物或酒精上瘾及心理缺陷的风险。

新生儿的神经元是不成熟的，许多轴索尚缺起保护作用的髓鞘，彼此之间的连接也为数寥寥，这样大脑皮层的大部分区域都显得冷冷清清，由此不难理解，此时人脑中最活跃的部位是脑干（主管生命机能）和小脑（主管人体运动）。

不过，儿童脑中神经元之间的连接要远远超过成人脑中神经元之间的连接。一旦儿童要适应所处的环境，其神经元之间的连接就快速增长。周边的信息是通过适时开启与闭合的"窗户"进入人脑的，环境因素越丰富复杂，神经元之间连接的次数则越频繁，因此，就能更快捷地进行学习，更深刻地理解所学的意义。

---

① 每磅相当 0.454 千克，每盎司相当 28.35 克。——译者注

当儿童快到青春期时，神经元生长的速度放缓，但另外两个成长过程应时而生：一是人脑发现有用的神经元连接日益巩固；二是无用的神经元连接逐渐消失，因为人脑可以在经验的基础上有选择地强化或裁减神经元之间的连接。这种对神经元连接择优汰劣的过程持续人们的一生，但 3~12 岁则是最关键的时期。可以说，人在幼年时的经验就已经在形塑自己的大脑并设计自己独一无二的神经系统，从而影响到自己将来如何对待上学、工作或其他方面的经验。

机会之窗

机会之窗系指儿童之脑从环境中接受特定的输入信息并经此创建或巩固神经网络的重要时期。有些与身体发展有关的机会之窗是时不再来的，被儿童学研究者称作"关键期"。譬如，一个儿童即使大脑毫无问题，但若在 2 岁前从未接受视觉刺激，则会终生失明，12 岁前从未听到别人谈话，很可能一辈子学不会任何一种语言。一旦这些机会之窗关闭，原本用来完成这些任务的脑细胞或被剪除或被调用执行其他的任务（M. Diamod & Hopson，1998）。

与认知与技能发展有关的机会之窗则远非机不可失，有亡羊补牢的转圜余地，但乘机而行方能事半功倍。值得记取的是，在人的一生中任何时候都可以学习任何领域的东西，甚至在某扇机会之窗关闭后也是如此，但技能或许达不到娴熟高超的水平。人脑的学习能力会基于阅历在整个人生中不断地发生微妙的变化，这种学习能力的可变性常被称为"可塑性"。

一个饶有兴味的问题是，为何机会之窗的启闭悉数尽在人生早期出现，在人均寿命已超过 75 岁的当代这一问题尤其引人关注。对此一个差强人意的解释是：在数千年前人均寿命不过 20 岁左右的时候，这些突飞猛进的发展环节就已由基因决定顺序并安排就位了。图 1.5 所示的机会之窗，只是我们将要考察其重要性的几个。

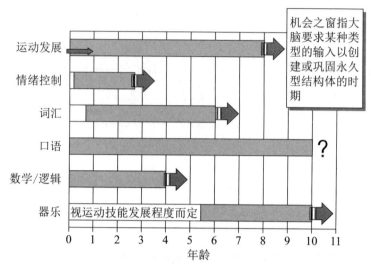

图 1.5 儿童之脑发展时的机会之窗

本图是根据当前的研究成果，表明在儿童时代几个要适时而学的敏感期，以后的研究或许会修正图中所示的年龄范围。总之，要铭记于心的是：我们的一生中随时都可以学习。

在此有必要提醒一句，家长不必因机会之窗的说法就对子女在早年可能失去某些学习良机而忧心忡忡，家长或教师倒是应该牢牢记住，人脑的可塑性与柔韧性足以使人在任何时候都可做到几乎无所不学。概而言之：早学自是福，迟学亦非祸。

运动发展

运动发展之窗开启于胎儿发展期，凡是怀过孕的人都清楚地记得妊娠的头三个月的胎动，因为此时胎儿正在

> 在某机会之窗开启时适时而学，才有望学得出神入化。

强化其运动神经连接与运动系统。人生头 8 年看来是儿童学习各种运动技能的最佳时期，那些看似简单易行的任务如爬与走都需要错综复杂的神经网络连接，包括综合来自内耳平衡传感器的各种信息，并将指令派送到四肢的肌肉。当然，一个人此窗关闭后还是能学习运动技能的，不过在此窗开启时所学的技能才有望学

得出神入化。例如，音乐会上的演奏名家、奥运会上的金牌得主、各项竞技运动（如网球、高尔夫球等）的拔尖选手，大多在 8 岁前就已开始勤学苦练本门技能。

情绪控制

人出生后从 2~30 个月是情绪控制之窗的开启期，在此期间，边缘（情绪）系统与额叶的理性系统为使主人偏向己方而争强斗胜。但这可不是一场势均力敌的公平较量，人脑发展的研究表明，情绪系统的发展远远快过额叶（参见图 1.6）（Beatty，2001；Gazzaniga，Ivry，& Mangun，2002；Goldberg，2001；Luciana，Conklin，Hoopers，& Yarger，2005；Paus，2005；Restak，2001；Steinberg，2005）。如此一来，情绪系统在激烈交战中十有八九胜券在握。如果此窗开启时，儿童一耍性子就能如愿以偿，那么在此窗关闭后，多半也照此办理。人们常常慨叹"两岁的孩子最是胡搅蛮缠啊"，导致这种结果的主因之一就是情绪与理性之间无休无止的争斗。当然，一个人过了两岁也能学会情绪控制，但在此窗开启期学到的东西将难以改变，并对此窗关闭后的所学产生强大的影响。

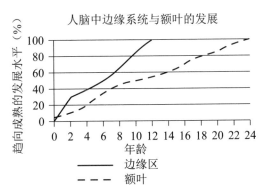

图 1.6 本图根据现有研究成果绘制，表示人脑中边缘系统与额叶各自的发展水平，额叶（脑中的理智系统）的充分发展所花的时间要比边缘系统多 10 ～ 12 年，这可说明为何许多青少年常身陷险境。

后天影响先天的例子不胜枚举，已有大量确凿的证据表明，对不到 2 岁动辄使性子的子女，父母的应对方式是能够助长或抑制这种天性的。生理习性并不全凭天意，遗传潜质也非势必冒头。基因必先激活才能有所作为，鼻尖的细胞与胃粘膜的细胞有同样的基因密码，但要产生胃酸，只需激活胃中的基因，而闲置鼻中的基因。再举一例，害羞似乎是一种部分来自遗传的特性，如果父母把生性腼腆的幼小女儿时时置

> 情感系统与理智系统之间的缠斗是造成"二岁孩子性子野"的主因。

于自己的卵翼之下，那么这个蹒跚学步的女娃娃就可能益发怕生露怯，如果父母鼓励她多和同龄孩子的交往，那么她就可能逐渐克服羞怯的心理。同样的道理，儿童身上呈现的那些遗传特性，如聪慧、合群、狂妄、好斗等，都会在父母的调教与其他环境因素的影响下，得以强化或弱化，甚或消除（Reiss，Neiderheiser，Hetherington，& Plomin，2000）。

词汇

从遗传的角度看，人脑为语言的发展早就准备就绪，有鉴于此，2 个月的婴儿已能咿咿呀呀地吐音，叽里咕噜地"说话"，到 8 个月大的时候，就开始试图说出一些简单的词语，如"妈妈"、"爸爸"。孩子 18 个月或 20 个月大的时候，脑中的语言区变得非常活跃，一天能学会 10 多个词，到 3 岁时词汇量可达到 900 个左右，到 5 岁前可增至 2500 ～ 3000 个。

在这个方面，足以见证谈话的功效：研究者表明，父母，尤其是父亲，常对自己处在婴儿期的小宝宝谈东说西，就会大大扩充孩子的词汇量（Pancsofa & Vernon-Feagans，2006）。对一个词，知其音形和懂其意义是两码事，因此，在足以看出孩子是否懂得词意的场合中，家长务必督促孩子使用新学到的词语。如果孩子拥有较丰富的词汇量，又懂得大多数词的意义，入学时学起阅读来就不会那么吃力费时。

语言习得

新生儿之脑并非是被研究者曾一度认为的"白板"，一些区域为接受特定的刺激（包括口语）已经分门别类的专职化了。口语习得之窗在人呱呱坠地之

时开启，约在 5 岁时首次合拢变窄，10~12 岁时再次进一步合拢。超过此年龄，学习任何一种语言都更难了。不过，学习语言是人不可抑止的天性，人们发现即使从小被野生动物哺育的孩子也多半会自编自用一套语言。还有证据表明，人在幼年期另有一个专供学会语法之用的机会之窗（M.Diamond & Hopson，1998；Pulvermüller，2010）。了解这一点，许多学校非得等到初中或高中阶段而不是在小学阶段才开始新语言教学，显然是毫无道理的。

数学与逻辑

儿童之脑何时和如何识数，至今还无明确的定论，不过，越来越多的证据表明幼儿已有初步的数字意识，而这种数字意识是和出生时脑的某些区域密切相关的。这些区域的目的在于用"群集实物的数目"来划分外部世界，就是说，能辨别 2 个某物与 3 个某物的不同。例如，我们沿路驾车前行，遥见田间有一群马，赫然在目的虽是马的毛色——有棕色和黑色，一下子看出的却是马的数量——有四匹，尽管没有一一点数。研究者发现，2 岁的幼儿已能知晓 4 或 5 以内各数之间的大小关系，虽然还不能用言语表达出来。这个研究表明，充分发展的语言能力对数字思维影响不大（Brannon & van der Walle，2001），但对数字运算则必不可少（Dehaene，2010）。

器乐

任何一种文化都能创作音乐，据此可以推断，喜爱音乐乃是人的重要天性之一，2 个月或 3 个月大的婴儿就可随着音乐东摇西晃。创作音乐之窗或许人一出生时便即开启，不过此时想要高歌一曲或演奏乐器，婴儿的声带或运动技能显然还力有未逮。大多数 3 岁左右的幼儿已能相当灵巧地应用双手，足以弹奏钢琴（莫扎特 4 岁时就能弹琴作曲）。有研究表明，上钢琴课的 3 岁或 4 岁儿童，在完成时空任务上的表现，远远超过未受器乐训练的同龄儿童，而且这种技高一筹的优势经久不衰。借助脑扫描成像技术可以看到，创作音乐时脑中兴奋的区域，恰好是左额叶的主管数学与逻辑的区域。如欲更多地了解音乐对人脑与学习的影响，请参见第六章。

从儿童之脑发展的研究中可知，在儿童的早期若有丰富多彩的家庭和学前教育环境，有助于儿童构建神经元之间的联系，充分利用自己的心智能力。鉴于婴幼期的重要性，我认为，学区①应该加强与新生儿家长的沟通，为他们提供相应的服务与资源，帮助家长胜任作为子女第一任教师的职责。密歇根州、密苏里州和肯塔基州已在实施这样的全州性计划，而由学区主办的类似计划也如雨后春笋般涌现。但要实现这一重要的目标，我们仍需加倍努力。

> 学区应该加强与新生儿家长的沟通，为家长提供相应的服务与资源，帮助他们胜任作为子女首任教师的职责。

追新求奇的人脑

作为世上物种之一的人类之所以能取得无与伦比的成就，部分要归功于人脑对新奇，即对周围环境发生的种种变化，始终保持着浓厚兴趣。人脑总是仔细详察给予刺激的环境，当某种刺激不期而至时——譬如，空无一人的屋中传出一声巨响——即刻分泌的肾上腺素会使人停下所有不必要的活动，马上调动起大脑专注此事。与此相反，如果环境中多是意料之中或反复出现的刺激（像不像某些课堂？），人脑就觉得外部世界枯燥乏味，转向追求新鲜的感觉。

添加新奇的环境因素

我的好友克雷格是一位有 20 年教龄的中学数学教师，经常说今日的学生和几年前的学生已经大相径庭。这些学生上学的时候，携带的电子装备一应俱全，着迷的东西五花八门——可通常不包括数学。作为一位勤勉认真的教师，克雷

---

① 学区，美国基础教育的主管单位——译者注

格为了维持学生的注意力，已经将多种技术用于课堂。以前我跟他谈那些激增的人脑研究成果及其在教学中的可能用途，他都不置可否地淡淡一笑，当下此般光景不再复现。他深知今日的学生之脑会随着日新月异的环境而不断变化，因此必须因势利导地调整自己的教学。

我们常常听到教师抱怨说，学生的学习劲头今不如昔，看上去三心二意，无精打采。怎么回事？是不是学生所处的环境发生了什么事，从而改变了他们的学习态度？

过去的环境

数十年前许多孩子的家庭环境与今日的十分不同。例如：

- 家中相当安静——较之现在可以说是沉闷。
- 家长与孩子喜交谈，爱读书。
- 家庭结构相当稳定，全家人往往围桌而坐共同进餐，家长可借机谈论子女的表现，使孩子经常感到父母的关爱和支持。
- 如果家中有一台电视，一般放在共用区并由大人控制，由此还可不露声色地密切注意孩子观看什么节目。
- 学校是一个有趣的地方，因为有电视、电影、户外教学、特邀演讲人。另外，让孩子学习时分心的事物为数寥寥，学校堪称独一无二的知识发源地，在孩子的生活中发挥着举足轻重的作用。
- 社区环境促进孩子成长，同一居民区的孩子常常一起玩耍，增强运动技能，学习和睦相处所需的社交技能。

现在的环境

近年来，儿童在完全不同的环境下成长。

- 家庭结构远不如从前稳定。单亲家庭与日俱增，2007 年占到全美有 21 岁以下子女的家庭总数的 26.3%（Grall，2009），涉及的儿童总数超过 5700

万。家长几乎不在家做饭，孩子的饮食习惯随之而变，那种与关心他们的大人在家中边吃边谈的机会日渐稀少。

· 许多 10～18 岁儿童在自己的卧室里通宵达旦地看电视或摆弄其他电子设备，导致睡眠不足。另外，由于没有大人在旁监管，青少年看了电视或互联网上那些包含暴力和性的东西，他们易受影响的心灵难道不会混淆是非吗？

· 孩子除了学校还可从多种来源获取知识，不过其中有些假知识、伪知识。

· 孩子在家中与技术为伴自娱自乐的时间太多，结果丧失了在户外发展运动技能和社交技能的机会，而这些技能则是与他人亲切沟通与友善交往不可或缺的。青少年的深居简出还带来一个始料不及的后果：肥胖儿激增，其数量现在已占 6～19 岁儿童的 17% 强（疾病防控中心，2010）。

· 儿童大脑面对层出不穷的高新技术，已经改变其功能与结构以容纳环境中不断涌现的刺激。一旦小脑袋瓜对这些变化习以为常，就更加索奇寻异——即所谓“尝新”。不过，这种欲罢不能的尝新行为却有一个严重的副作用：有些青少年感到所处的环境平淡无奇，为了寻求刺激或许就使用那些引起精神亢奋的药物，如迷幻剂或安非他命。当他们不得不依赖这些药物来满足大脑追求新奇的需要时，就可能导致精神失常或胡作非为。

· 儿童饮食中含有影响身心功能的成分越来越多。例如，咖啡因是一种给脑提神的烈性兴奋剂，可是在当今青少年日常消费的许多食品和饮料之中却普遍存在，虽然大多数成人少量服用被认为无碍身心健康，而过量摄入咖啡会引起失眠、焦虑、呕吐。有些青少年对阿斯巴特（多用在所谓儿童维生素和低热量食品中的一种人工甜味剂）和其他食品添加剂有过敏性反应，其症状表现为好动、走神、头痛等（Bateman et al.，2004；Millichap & Yee，2003）。

如果再把当今家庭生活方式的变化和酒精与毒品的诱惑包括在内，我们就能认识到，今日儿童所处的环境，就是与 15 年前相比，已有天壤之别了。

技术如何影响学生的大脑?

当今的学生周围,各种媒体唾手可得:手机、智能手机、多功能电视、MP3 播放器、电影、电脑、电子游戏、iPad 平板电脑、电子邮件、互联网等,8～18 岁的儿童每天平均 7 小时与这些电子媒体形影不离(Rideout, Foehr, & Roberts, 2010)。多媒体环境分散了学生的注意力,甚至电视中的新闻播报也不同以往,从前屏幕上唯一显现的是播报员的面孔,而现在我看到的画面布满了点缀性信息:相隔万里的三个人报道同样的新闻,与此无关的新闻则用文字显示在底部滚动,右下角闪现着股市行情的涨落,而略高处又标出当地时间与气温。对我来说,这些"零碎新闻"令我心神不定,逼我将注意力分散到几处。可我双眼注视滚动的字幕,双耳就难免漏听播报员的话语。当然,对孩子来说,他们已经逐渐适应了这些信息含量大且急速切换的画面,能刹那间转移注意力而面面俱到,不过他们的大脑还是在同一时间内只能关注一事。

"一心多用"乃神话。不消说,我们都能边散步边嚼口香糖,因为它们是两项不需认知投入的各不相干的身体活动,可大脑不能同时进行两项认知活动。人为生存而发展起来的遗传特性,就是大脑在一时只注意一事,以便确定此事是否威胁到生命,如果人能同时注意几个事情,势必削弱注意力,大大降低快而准地判断威胁的能力。

我们所谓的"一心多用",实际是指任务切换:顺序完成任务(注意力从甲项移到乙项,再移到丙项……)或是交替完成任务(注意力

> 大脑不可能"一心多用",在一时只能关注一事,贪多则必失。

在甲项与乙项间来回转换)。每当大脑从关注甲项转到关注乙项再回头关注甲项时,就会产生认知损耗。图 1.7 表明了下面谈到的这种过程,图中实线代表用来完成一份课外作业所需的操作记忆能量,虚线代表接一次电话所需的能量。例如,高中生杰里米正在做一份历史作业,把注意力放在理解"二战"主要原因上刚刚花了 10 分钟,此时他脑中的思维区正在冥思苦想,大部分操作记忆

的能量用在处理有关信息上。突然，电话铃响了，是女朋友唐娜打来的。当他接电话时，脑中一定不再去琢磨有关的历史知识，而是回想起接听电话的步骤。杰里米花了 6 分钟与唐娜交谈，这段时间内杰里米的操作记忆所处理的"二战"知识就开始隐退，由通话内容取而代之（操作记忆的能量有限）。当杰里米再做作业时，就差不多要从头再来了。他以为既然能记起做作业的头绪，有关的所有信息就还在操作记忆之中，其实大部分已经荡然无存了，至此他或许会一脸茫然地喃喃自语："哎呀，我到底做到哪儿了？"这就是完成任务时切换任务必须付出的代价。有研究表明，一个人在完成任务时被打断，需要多花 50% 的时间来完成任务，而且多犯 50% 的错误。

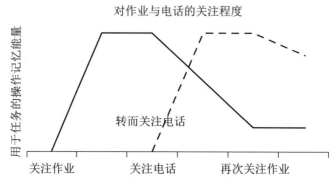

图 1.7　当做作业被接电话打断后，用于作业的记忆能量（实线）就衰减，而用于接电话的能量（虚线）就增强

任务切换与复杂文本。生活在以任务切换为常态的世界中，或许会影响学生聚精会神地阅读复杂文本的能力。在 2006 年的一份研究报告中，学业评价和研究公司（ACT）考察高中毕业生是否为阅读大学课文和专业手册做好了准备。该研究发现，在抓住中心思想、理解词意、找出论据、知晓泛论与结论这几个方面，要上大学的学生和不上大学的学生之间没有实质性的得分差距，可在一个阅读测试指标上——即理解复杂文本的能力上——两者却有明显的差距。这些文本通常包含罕见的高雅文辞与精巧的语法结构以及言外之意，ACT 研究人员注意到，根据国家学习准备指标，只有略多于 50% 的高中毕业生达到大学一年级的阅读要求。

是不是有这种可能，高中生因太习惯于任务切换而没有发展阅读文本所需的认知技能呢？据 Bauerlein（2011）的推断，顺畅地阅读复杂文本要求掌握下面三个互相关联的技能，或许学生缺乏的就是这些技能。

1. 具有解析文本的探究意愿，即一定要弄清每一个词的本意与转义，反复体察看过的内容。可当今的电子文本，不仅文字简短，而且来回迅速移动，这就使学生习惯于匆忙地浏览文字而不是细细地品味内容。

2. 具有抗拒干扰的思考能力，即可保持连贯的思路，在操作记忆中存住足以理解文本的信息。复杂文本不是为了迁就一闪而过的注意力来谋篇布局的，通常议论的是当今青少年所不熟悉的情景与思想。领悟复杂文本的意思需要以此为唯一要务的全神贯注的注意力，并不需要任务切换和快速浏览电子文本时那种浮光掠影的注意力。

3. 具有促进深思的开放思维，例如，慎重确定是否赞同或反驳作者的推论前提，认真考虑是否还有可替代的其他论据。青少年因知识少、阅历浅，在理解复杂文本上常常四处碰壁，可面对这些实实在在的短处，他们非但不虚心谦逊、下功夫多思多问来提高阅读能力，反而对个人主页上塑造的那个花里胡哨的形象沾沾自喜。

Bauerlein 认为，高中生每天至少要用 1 小时做研究性作业，做作业时要参考书面材料，包括复杂文本，但禁绝上网。强调这一点，倒不是排斥技术，而是防范技术侵占本该用于深思熟虑的时间。

技术既非包治百病的灵丹，也非誓必驱逐的仇敌，而是可善加利用的工具。中小学生需要和教师与同学面对面地接触互动，这是促进其社会性发展的主要一环，可技术或许正在大大地降低人际直接沟通的频率。我们不应该为技术而用技术，也不应该视技术本身为目的。教师的教学不是为了彰显各种技术，而是利用技术更有效地强化、丰富、传递教学内容。许多互联网网站提供免费的视听资料，可用来帮助教师灵活、生动地上课，欲找本书推荐的网站，可见教学资源部分。

学校应时而变了吗？

现在许多教师承认今日的学生有着特征上不同以往的"新脑"，但如何对待新脑则众说纷纭。一般说来，青少年在家中轻轻松松地就能把 MP3 播放器、手机、手提电脑、电子游戏机、电视轮流玩一遍，在这种多媒体触手可及的环境中，还能指望他们安分地静坐 30～50 分钟听教师讲课吗？的确，教学法正在改变，教师正在使用高新科技，甚至用流行音乐和通俗文化给传统教材添味加料。但是，学校和教学变得还不够快。在中学，因为教师要应付层层加码的必修知识，以及教学责任和统考要求带来的压力，所以教师讲、学生听依然是主要的教学方法。结果，学生毫不客气地说，学校的环境无聊透顶，乏味至极，远远不如多姿多彩的校外世界有趣。尽管近来教师使出浑身解数去激励学生的大脑，可许多中学生并没感到有什么激动人心的变化。据 2009 年高中生学习投入调查，在近 43000 名学生中，有 65% 说"喜欢没有明确答案的讨论"，有82% 说，盼望校内有施展创造力的机会（Yazzie-Mintz，2010）。

另据全美州长协会主持的对 10500 名中学生的调查，1/3 以上的学生说，学校很少鞭策他们分析问题，进行批判性思考；约 11% 的学生说正在考虑退学，其中 1/3 的学生说想退学是因为"在校什么也学不到"。

民调机构盖洛普在 2004 年开展了一次网上调查，请近 800 名学生（13～17岁）选用三个形容词来最恰当地描述自己对学校的感受，一半学生选的是"无聊"，42% 的学生选的是"厌倦"。

运动的重要性。我们对脑的学习机制已有所了解，但只要想想学校的某些作为，就知道与此完全背道而驰，一个以小见大的例子就是运动。运动能增加通过脑部及全身的血液流量，而脑中血量充足对海马——形成长时记忆的区域——有效地发挥功能尤其重要。运动还能触发脑中释放一种对神经系统最有益的化学物质，念起来像绕口令，叫做"脑源性神经营养素"（brain-derived neurotrophic factor，BDNF）。有了这种蛋白质，幼小神经元才得以保持健康，新生神经元才得以顺利成长，脑部的海马区对此反应最敏锐。研究表明，在学校多开展身体活动可以提高学生的学业成绩（Taras，2005）。可是直到现在，学生在学校，尤其在中学，还是久坐不动，小学又在为备考挤出时间，压缩或取消可供孩子玩耍一下的课间休息。换句话说，我们大刀阔斧砍掉的恰恰是可以提高学业考试成绩的东西。

> 随着对今日之"新脑"的理解日益科学化，如何利用这种新知识来改变学校和课堂的实践，我们必须当机立断。

显而易见，教育工作者现在必须再次审慎地思考，应该怎么改变学校以适应和维持新脑的兴奋点。既然我们能不断地扩展关于今日的新脑及其学习机制的科学知识，也就一定能决定如何利用这种新知来恰到好处地改变学校和课堂。

＊　　　＊　　　＊

至此，我们考察了人脑的基本结构与功能，讨论了今日的学生之脑追求新奇的特点与过程，下面将要探察人脑如何处理陌生信息的一个模式。为什么学生记得少，忘得多？人脑如何决定什么该留，什么该丢？下一章将解答这些问题以及与人脑加工信息有关的其他重要问题。

实践之角

以拳拟脑

　　这项活动使你懂得如何用自己的拳头表示人脑，比喻是促进学习并加强记忆的有力工具。当你对这项活动已驾轻就熟时，就可与你的同学分享，他们常常也急欲了解自己大脑的结构与功能。开展这项活动亦是追求新奇的一例。

　　1. 双手握成如图所示的拳头。

　　2. 双拳相向靠拢，直到指节与指节挨在一起。

　　3. 将双拳放到胸前，眼睛下视看指节处，这时眼中拳头的大小就近似你脑部的体积，并不如你所想的那么大吧？请记住，脑的大小不是关键，举足轻重的是脑中神经元连接的数量，当刺激产生学习的结果时才能形成这些连接。将处于双拳前端的拇指交叉，这可提醒我们左半脑控制身体的右边，而右半脑控制身体的左边。指节和双手的外部代表"大脑"，即脑中的思维部位。

　　4. 一边保持指节的接触，一边松开拳头形成掌状。这时看到的各指指尖处代表"边缘区（即情感区）"。请注意，该区是如何深深地埋入脑中的，指尖是如何互为"镜像"的，这使我们了解，边缘系统的大部分结构体在每个半脑中各有其"复印本"。

　　5. 双手的手腕代表"脑干"，由该处控制生命体征（如体温、心跳、血压等）。扭动双手，这表示人脑可在由前臂代表的"脊椎"的顶端上转动。

复习大脑的区域功能

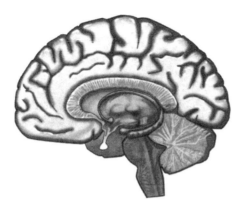

　　这项练习检测你对脑中主要区域所具功能的了解程度。下面表格中左边列出了脑中的八个区域，你在右边写出描述与某区对应的主要功能的关键词或短语。

杏仁核	
脑干	
小脑	
大脑	
额叶	
海马	
下丘脑	
丘脑	

课堂上来点标新立异

标新立异绝不是要教师去当独角戏的喜剧演员或使课堂变成喧嚣欢闹的游乐场，而是要用一些脱离常套的教学方法来使更多的学生乐于参与学习活动。下面是一些让课堂标新立异的点子。

- **善用幽默**。在各年级的课堂，不失时机地插科打诨，好处多多。本书第二章"实践之角"中提出了使用幽默的指导原则，阐明了为何有益的各种理由。

- **活动身体**。我们坐下不动 20 分钟后，血液就淤积在臀部与足部。只要起身走动一下，不消一分钟，超过 15% 的血液就能回流到脑部。站着思考远胜过坐着思考。学生在课堂上，尤其在中学课堂上干坐的时间太多了。找些办法让学生起身活动活动，当他们通过语言来复述所学的内容时更应如此。

- **开展多感知教学**。今日的学生已习惯于多感知环境，如果他们能见到五彩缤纷的景象，能使用交互式的教学技术，能来回走动谈论自己的学习内容，就更可能提高自己的注意力。

- **举办知识问答竞赛**。让学生设计知识问答竞赛或类似的活动，由此他们可以相互检测对所学知识的了解程度。这种教学策略，小学教学中常常使用，但中学则罕见。除了有趣好玩之外，这类竞赛因要编制问题及其答案，就促使学生复习和理解所学的知识，从而具有提升教学效果的附加值。

- **播放音乐**。尽管迄今为止有关研究尚未提供确切无疑的结论，但在学习某个单元期间，适时应景地在课堂上播放音乐，对学生的学习还是有些好处的。如何在课堂上使用音乐，可见本书第六章。

让大脑从容应对考试

参加考试总会令人感到紧张，如果你按下面的建议在考试前让学生的大脑做好准备，他们就有望在考试（无论是认知考试还是体质考试）上取得好成绩。

- **动一动**。让学生起身活动活动，两分钟就行。原地起跳就不错，学生不必移位。学生或许不愿蹦上蹦下的，可让他们沿着教室中最长的墙壁快走五个来回。活动的目的是给血液供氧，加快血液流速。
- **吃水果**。除了氧气之外，脑细胞也需要葡萄糖作为燃料。水果是葡萄糖的最佳来源，学生应该每天吃 2 盎司（约 50 克）的水果，吃果干（如葡萄干）更为方便。不要喝果品饮料，因为这类饮料通常只含有果糖，而果糖不能为脑细胞直接提供能量。下表显示，在被试的一组青少年中，50 克葡萄糖就足以使他们的长期记忆的回想率提高 35%，工作记忆的回想率提高 20% 以上（Korol & Gold，1998）。其后的各项研究也证明了有类似的记忆力提升率。（M.A. Smith，Riby，van Eekelen，& Foster，2011；Sunran-Lea et al.，2008）
- **喝些水**。吃水果时，喝 8 盎司水，水可以使葡萄糖快速融入到体内的血液中，浸润大脑。

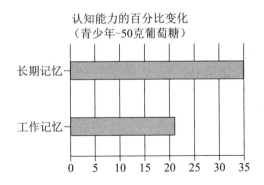

认知能力的百分比变化
（青少年-50克葡萄糖）

在考试前采取上述步骤后再等 5 分钟，这段时间足以让吃进去的葡萄糖发挥振奋大脑的作用。不过其效果仅能维持 30 分钟，因此，对于费时较长的考试，有必要定期重复上述步骤。

第一章——人脑概况

思索要点

　　在本页写下你想以后思考的要点、概念、策略及所需的学习资源。本页可用来作为你学习日志中的小结，会有助于唤起你的记忆。

_____

_____

_____

_____

_____

_____

_____

_____

_____

第二章
儿童之脑 [①]

罗伯特·西尔维斯特

人 在儿童期的发展遍及全身，但其教养多源自成人与儿童之间脑与脑的交互作用。虽说成熟的植物不能哺育其娇嫩的幼芽，可从生理机制来说，无脑的植物与有脑的动物都能茁壮成长。既然如此，有脑的意义何在呢？

说动物有脑而植物无脑的主要理由是：动物能随意移动，植物却不能。落地生根的植物哪儿也去不了，所以连身居何处也不必知道。既然动弹不得，知道其他植物有近水向阳的居所或携斧带锯的伐木工正在步步逼近，又有何用呢？

但是，如果一个生物有腿、有翼或有鳍，那就需要有一个可以提供此处与彼处情况的感知系统，一个可以确定此处与彼处孰优孰劣的决策系统，一个可以奔向彼处（如果彼处优于此处）的运动系统，一个可以由到达彼处后再返回此处的记忆系统。

此处与彼处涉及空间，但人脑还需要将空间与时间整合成一体。移动不仅要消耗体力去跨越空间距离，而且要花费时间去拟定和实施行动计划，从而使物体或事态的进展或缓慢或加快，或中断或持续。生物之脑就是这么一种系统，即殚精竭虑地利用特定的时空条件去调节身体的移动，甚至可以说去调节生命的运动。

一般说来，人的生命之旅启程于精子情意绵绵地寻找卵子之时。两者珠联

---

① 选自罗伯特·西尔维斯特著：A Child's Brain : The Needs for Nurture，科文书社，2010 年。

璧合的九个月后，一个有血有肉的小生命穿过母亲的产道初临人世，一旦剪掉身上的脐带，就标志着一个日益独立不羁且变幻神奇的生命进程开始了。为了踏上这种人生的旅途，我们有与生俱来的"基础装备"——三位一体的运动系统——腿·足·趾系统，它处于我们身体的底部，相当身高的一半，使我们能走南行北，踢踹物体；臂·手·指系统，它处于我们身体的中部，伸展开来约两英尺，使我们能抓物、携物、抛物和书写文字；颈·脸·舌系统，它处在我们身体的上部，使我们能初步消化食物，激荡起节奏分明的气流，形成彼此之间大脑可接受或理解的语言信息与音乐信息。

人体的这些运动系统堪称巧妙，但难说完善，于是人类创造了增强其运动功能的技术产品——例如，有鞋靴、扶梯、汽车、轮船、飞机等来增加腿·足·趾系统的范围与速度；有榔头、夹钳、改锥、推车、枪支、铅笔等来增加臂·手·指系统的能力；有刀叉、食物搅拌器、烹饪术、望远镜、显微镜、语言等来增加颈·脸·舌系统的本领。

儿童的大多数时间都花在发展和掌握本身潜在的或技术带来的运动技能上面。孩子似乎能直觉地感到，如果希望在 16 岁时能开汽车，那么 3 岁时就得会骑三轮童车，必须在能熟练地将感知与手脚动作协调起来掌控汽车方向盘之后，父母才会放心地交给他们私家车的钥匙。于是，孩子们心甘情愿地花成百上千个小时去练习骑自行车，溜滑板，以便掌握在自然时空中的带轮运动。

与此类似，21 世纪的儿童似乎能直觉地感到，他们还得掌握电子时空中的运动。电子游戏机的操纵器相当于电子三轮童车，儿童大多 3 岁时就可摆弄操纵器来玩简单的电子游戏，他们好像认识到，只有在能掌控游戏操纵器和儿童电子游戏的有限世界之后，才能进一步探索更为复杂的成人电子游戏和无边无际的互联网。

儿童本应掌握的意向性运动千姿百态，那么，这种学习过程究竟是如何开始的呢？例如，母亲伸出自己的舌头给刚出生几小时的婴儿看，婴儿虽然不知舌头为何物，先前也没做过伸出舌头这一复杂动作，却本能地以吐舌头的动作做出回应。

婴幼儿的其他模仿行为，如微笑、拍手等也是如此而来。他们对许多运动技能可以说一学就会，但复杂的运动技能（如系鞋带）却不是仅靠言传就学得来的。

因此，尽管人们早知运动的有效性取决于大脑，但如何激活和掌握有效运动的神经生理机制却是多年来的不解之谜，直到最近发现了**镜像神经元**，才算揭开了谜底。

镜像神经元

人的大多数运动都由屈指可数的基本动作顺序构成，这些动作顺序能够经组合或重复形成各种各样的动作。例如，我们伸出手臂，张开手去拿水杯，合起手端起水杯后，缩回手臂将水杯送到嘴边，再倾杯将水倒入口中。正如第一章所说，语言涉及说或写的具体顺序，比如要依次写出单词（如"dog""god"）中的字母，或句子（如"Bill hit Mary""Mary hit Bill"）中的单词。上面的五要素的动作顺序——伸臂、拿杯、端杯、缩臂、倒水，可以用下面的五要素的字母顺序表达出来——d-r-i-n-k。在上述的两种情况下，要素的顺序都是至关重要的，每个基本动作或字母都可以用来作为许多其他动作或单词中的一个要素。

我们的大脑含有为数众多的神经元网络，用来贮存和检索关于各种事实、个人体验、动作顺序的记忆信息。因此，我们可以不假思索地完成经常使用的动作顺序，如拿起一只水杯，即使有时杯子大小不同。不过，当已掌握的技能难以完成迫在眉睫的任务时，我们则会随机应变，从下意识的行为转向有意识的行为。

不妨想一想某位飞行员的情况，当有自动导航仪代劳去驾驶飞机时，他的有意识行为不过是操纵飞机的起落或在飞机上天后袖手旁观地看一看飞行状况是否正常。但飞行过程中一旦遇到强烈的气流或其他突发问题，他就会再次亲自动手控制飞机直到问题解决。我们常常也有类似的经历，我们利用巡航车速控制装置开车，悠闲自得，与乘客兴致勃勃地聊天，可看到前方有东西挡路，我们就会立即中断谈话，从装置的自动车速控制转为有意识的手动变速，聚精会神地驾驶汽车。

概而言之，要学习、筹划、实施有意识的或自动化的运动，需要脑中数个系统的协调合作。有两个系统足以揭示镜像神经元和有意运动的关系，即**运动皮层和额叶的预动区**（premotor area of the frontal lobes），前者激活展开某运动顺序所需的特定肌肉，后者记住并启动该运动顺序。

以 Giacomo Rizzolatti(Rizzolatti & Sinigaglia，2007) 为首的意大利神经系统学家研究小组在 20 世纪 90 年代初期发现了镜像神经元。当时，他们研究猴子脑中会有哪些系统调控手的有意动作，结果发现，在记住和启动运动顺序（如抓住一个物体或剥开一颗花生）的皮层中有预动区，里面的神经元激活数毫秒后，运动皮层的神经元才发光并出现上述动作。这样从时间先后来说，相关的预动系统先期形成了一个运动顺序，运动顺序随后激活相关的运动皮层系统，运动皮层系统再去激活相关的肌肉。有一天，这些科学家惊异地发现：当猴子看到其他猴子做同样的有意运动时，它们的预动系统也被激活了。

不过，猴子仅仅看到手或嘴时，预动区的神经元不会被激活，而只有当看到一个为完成某种目的的动作时，才被激活。另外，令猴子做出反应的是做出动作的手，而不是正在抓住或移动某个物体的工具，因为大脑的运动区调节的是身体的各部位而不是工具。当某种动作的目标是着眼于某个物体（如拾起一颗花生），顶叶中的某些神经元也被激活了。科学家把起预动作用的神经元系统称作镜像神经元系统。

上述发现的意义非同小可，因为它证明大脑有这样的系统：当看到别人的有意运动时，能创建一个相应的心智模板，然后据此启动回应性的模仿行为。尽管这个系统本身并不产生一触即发的回应，却能提高做出回应的概率。从实效上讲，镜像神经元沟通了动作主体与观看主体的主观世界。

如果有一个认知系统，足以使大脑自动地摹写他人的目标导向行为，然后再据此做出模仿的行为，那么它必然是学习复杂行为的理想系统，而这正是镜像神经元在完善大脑掌控运动能力中所起到的关键作用。

对猴子的初期研究之后，神经系统学家用**神经成像技术**（neuroimaging technologies）去研究人类的镜像神经元。他们发现，人体有一个遍及所有感知系统的极为复杂的镜像神经元系统，可以使人们既模仿他人的行为，也感知和体验他人的情感和心意，从而使其交际和文化生活多姿多彩。人作为一个社会物种的生死存亡，系于镜像神经元的这种关键作用，因为人初生之时相当柔弱稚嫩，在儿童期内不通过大脑精熟许多运动技能就难以继续生存。

我们看见别人打哈欠，就会触发我们脑中打哈欠的程序，成人一般能自觉地克制这种意念，忍住呵欠。不过正如前述，如果我们对一个刚出生几小时的婴儿伸出舌头，十之八九她会随即伸出自己的舌头，尽管她此前从未这样做过，也未有这样的意识。她之所以能这样做，很可能在胎儿期早已多次吮吸过自己的拇指，从而练到能操控自己的舌头动作。

婴儿看到我们的行为，就会自动地激活脑中的镜像神经元，而镜像神经元又启动可以激活婴儿吐舌头的运动神经元。婴儿有待学习的动作成千上万，因此没有理由放弃学习各种动作的机会。别人微笑，她也微笑，别人鼓掌，她也鼓掌。老话说的：*猴子看啥学啥*，用在人类的婴儿身上也颇为恰当。

不过，如果人类的镜像神经元系统只是一个用来不假思索地"看啥学啥"的自动系统，那么人生肯定会变得手忙脚乱，乱七八糟。因此人类的大脑在看到别人的某一动作时必须即刻决定，是否这只是别人无意外显的状态（于是要忍住自己的呵欠）还是要回应相似的动作（比如别人主动要同你握手或拥抱）。因此，在动作主体与观看主体之间，必定存在着认为哪些动作是重要且得体的一种可以相互沟通的共同理解。

沟通。正如前述，语言是人类的一种关键的动作形式，或许正是镜像神经元促使人类的沟通能力从手势扩展到言谈。我们可以迈步走近一位朋友，并为握手表示欢迎而伸出手去，但我们也可原地不动，通过口舌动作发出一串有节奏的声音，这些声音激活朋友的耳部和大脑的活动，足以使他认为这是一种口头的问候。以此类推，书面语言和音乐同样是人们相互沟通的动作形式。

　　我们可以看到握手这样表示友好的动作，但看不到说话者口中的动作，即不知在哪儿调节语音，而镜像神经元系统则有助于解释儿童如何学会说话。

　　我们的感觉运动系统的各部分连接紧密，互通有无，因此我们可在脑中浮现出被"指名道姓"但不在眼前的物体形象。与此类似，当儿童听到别人清晰连贯的话语时，就会在脑中激活与说话者发音吐字顺序相同的说话程序。这种程序通过"*母化语言（Motherese）*"而得以强化。母化语言是一种全球通用的行为，即成人抱起婴儿，脸对着脸，以缓慢的语速、尖细的嗓音、悦耳的声调，时而加重语气，时而重复词句的方式娓娓而谈。这样的言谈方式能吸引婴儿的注意力，轻易地激活她的镜像神经元系统。说话是一种复杂的运动程序，因此婴儿刚开始模仿时口中发出的是含糊不清的*咿呀咿呀*声，不过随着时间的推移，在旁人不断地与她说话的环境中，她会逐渐正确地说出简单的音素组合，最终形成一口流利清晰的话语。

　　我们与人交谈或自己发言时，常常辅以手势来强调我们所说的意义、加强谈吐时的节奏感或彰显暗含的情绪。观看者的镜像神经元参与其中是显而易见的，因为，他们总是或隐或显地模仿说话者的手势。在许多儿童歌曲和游戏中，模仿他人而来的手势是其不可或缺的组成部分。

　　每当我们看到某人一套动作的开头（比如就餐者拿起刀叉），就能推测其后的各种行为，因为我们大脑*镜映（mirror）*出的是从头至尾的完整的"公共"运动顺序，由此知道随之而来的将是什么动作。有时说话者说了前半句就戛然而止，我们往往能补齐后半句。

　　不妨想一想你的计算机，对常用的电邮地址或网站，你只需敲击出头几个字母，其余的便刷地一下全出现在屏幕上，我们的大脑也同样可以记住整套的动作顺序。

　　这或许可以解释为何大多数人觉得一人的正式发言难于两人的随意交谈，因为用交谈来探索某个主意，可以使两个大脑轻松自如地协同合作。两人在漫不经心的闲聊中，可以自由自在地相互推测、相互扩充、相互完善各自的思想。

　　对监护儿童的成人来说，具备从看到的某个动作推测其随后走向的能力也十分重要。譬如，我们看到儿童的初始动作有导致危险或不合时宜的苗头，就能预测其可能的后果，及时采取防患于未然的干预措施。

参赛的运动员往往会先用某个假动作"虚晃一枪"来使对手的镜像神经元系统"信以为真"，然后再出其不意地迅速改换真动作，魔术师也是用手疾眼快的动作变换技巧来障蔽观众的耳目。不断重复一个似是而非的解释，或许就将听者置于这种镜映的心理状态，最终以假为真。

人际交往中往往需要参与者通过镜映作用心照不宣地配合默契，舞厅的双人舞、乐池的二重奏、网球比赛，即参与者愉悦地体味"心领神会"这类镜映活动的几个例子。

移情与同情。由于我们的大脑中成百上千的信息加工系统都高度的相互关联，镜像神经元不仅能够模拟他人的行为，而且可以感应与此行为相关的属性，比如，看到某种行为，就可体验到与该行为相伴的痛苦或欢快。顶叶中前部的扣带回（cingulate）和脑岛（insula）属于处理疼痛信息的系统，这些系统中的镜像神经元对别人的疼痛（一般通过面部表情和身体语言传达出来）产生反应，由此导致移情和同情，而移情和同情是进行有效人际交往中不可或缺的要素。"*移情*"指我们能将他人的情绪状态内化于自己心中，从而感同身受地善解人意，"*同情*"指我们对他人的悲惨遭遇有怜悯之心。

移情和同情还可通过第三方状情绘事的描述而产生，例如，看到天灾人祸的受害者的新闻报道，我们的移情和同情总是马上油然而生。

超群技艺。镜像神经元或许有助于解释为何我们许多人津津有味地观赏或预测那些体育、舞蹈、音乐名家展示出来的独门绝技，因为这些大师的精湛技艺使我们的镜像神经元系统在心中构建了自己肢体还模仿不来的高级动作模式，而令我们叹为观止的也就在于此。当我们想要掌握一项技能时，镜像神经元就会更加积极地促使我们通过观察比我们技高一筹的那些人的动作，从而循序渐进地掌握这项技能。

小孩子花大量时间来观察和模仿大孩子的动作，因为大孩子已能驾轻就熟地做出自己想掌握的动作。我们经常看到，小孩子观望大孩子的动作时虽然手脚不动，但全身心都关注于大孩子的动作。

请注意正在观看比赛的前运动员的身体语言——他们会情不自禁地模仿参赛选手的举动，能看出让外行眼花缭乱的一套复杂动作中的每一个动作。另外运动员还常常采用心理演练法来提高特定技能套路的施展水平。

类比。类比思维能使我们认识到看似相异的事物中的共同特性，如人脑与电脑。由于类比让我们将新奇的、复杂的、抽象的东西与我们已理解的东西联系起来，因此在文化领域如艺术、人文学科、宗教中，绝对不可少了类比。

类比同样可以用于动作。虽然没有两种完全一样的动作，但在我们划分的动作类别中却可将它们看做区别不大的同类，譬如打篮球时投球中的罚球。一个篮球选手可以使用各种手法去投球，但他在比赛时若不站在罚球线上或从罚球线处投球，就不能算作"罚球"。对我们的大脑来说，通过比较来理解事物之间的共性与个性是非常重要的。

弹吉他和拉提琴所需的运动技能十分相似，一个人能演奏其中的一个乐器，那么在学习另一个乐器时就比两种乐器都不会的人占有优势。如此看来，说镜像神经元是我们类比能力的构成要素，并不是无稽之谈。

人脑中可能有好几个处理类比信息的系统，顶叶中的角回（angular gyrus）看来最适合担当此任，因它居于人的视觉、声觉、触觉处理中心的结合处，并含有镜像神经元。

儿童一般是在听故事或看书时开始探寻类比的含义。例如，许多童话故事或寓言都有拟人化的动物和机器，并力求将虚拟的情节与儿童的现实生活联系起来。

电子媒体。镜像神经元显然在亲眼目睹活生生的人的行为时最能发挥作用，但同样显然也能对呈现人的活动的电视和电影做出反应，这就提出了一个今天依然众说纷纭、悬而未决的问题：含有暴力和色情镜头的影视作品对不成熟的儿童观众以后的行为到底有什么影响？

自闭症。现在看来，有些人患自闭症，起码是与镜像神经元系统的缺陷有关。这就可以解释为何他们不能揣摩他人的心意并与他人的行为产生互动，不能理解隐喻与谚语的类比含义，不能自然而然地说出清晰连贯的话语。如果自闭症与镜像神经元有关的假设属实，那就为诊断并最终治好自闭症开辟了前景看好的研究途径，而且其他学习障碍的病根也或许可追溯到镜像神经元系统的缺陷。

　　有句老话说：孩子看大人，轻其言而重其行。如果此言不差的话，人类镜像神经元系统所起的作用，或许就能揭示许多传统教学和育儿技巧的效用，这些技巧常常是通过大人令人一目了然的"示范"来给孩子提供足以仿照的有效行为模式。例如，大人和孩子同心协力地完成一项任务——在家和面并烘焙蛋糕或在校调制粘贴壁纸的糨糊——就可激发起孩子由镜像神经元加以调节的模仿行为。

　　另外，教室里的黑板日益被新技术取而代之，如电子幻灯片（PowerPoint presentations），这种变化或许是势在必然，但电子幻灯所含的全部信息似乎顷刻铺满在屏幕上，学生不能像以前那样看着图表、公式、文字随着教师的手臂移动和肢体语言而逐一地呈现在黑板或投影屏幕上。有些新科技产品可能就是如此这般地限制了教师的传统行为，可这些行为对儿童的发展却具有我们未曾认识到的重要意义。

　　21 世纪的教学与育儿理论以神经心理学为基础，而镜像神经元则是这基础的要素。著名的神经系统学家 V.S.Ramachandran(2006) 认为，发现镜像神经元的意义可与 1953 年发现 DNA 的意义相提并论：后者为我们理解基因提供了可信服的统一解释框架，而前者为我们理解教学提供了可信服的统一解释框架。

掌握运动技能

　　人的发展有一段较长且得到呵护的身心成熟期，这可使儿童与青少年自由自在地逐渐精熟基本的运动技能，探究以后独立生活中将遇到的各种严峻挑战及应对之策。一般说来，儿童掌握运动技能的学习，是通过参与各种游戏和比赛来进行的，这些游戏与比赛足以推动由镜像神经元所启动的发展过程。掌握大多数运动技能都需要勤学苦练，因此要儿童不至于半途而废，练习就必须采取使儿童喜欢且欲罢不能的形式。

游戏指个人或小组并不在意明确的目的而随心所欲地学习运动技能的形式。游戏之所以有乐趣，就在于玩游戏本身。不过，青少年在发展的某个时段上，希图将自己的运动技能和决策能力与他人一较高下，于是就出现了比赛。

比赛指参赛的个人或团体心怀同样的明确目的，通常组织得较有条理，并按得分多少在具体的运动技能上论成败、争胜负的形式。高水平的比赛才能包括制定比赛方案、掌控比赛时的动作、预测他人的行为。比赛一般要求参赛者熟练地掌握这三项技能，在奥林匹克运动会这样的赛事中，对这三项技能的要求达到登峰造极的地步，因为奥林匹克运动会就是力求在所比的运动技能上赛出全球最拔尖的运动员。不过有必要指出，有些比赛并不涉及剧烈的身体运动，棋赛就是一种在规划、掌控和预测行为方面用脑力多过用体力的比赛。

儿童之所以乐于将大量时间和精力用在游戏和比赛上，是因为它们能激励儿童掌握对身心发展有益并对解决有趣问题有利的知识与技能。当然，儿童常常不能自觉地意识到游戏与比赛中所蕴含的身心发展需求。譬如，儿童普遍着迷于惊悚故事和惊险运动，或许这就与一种先天需求有关，即需要发展和维持可以处理恐惧这一基本情绪及其后续行为反应的系统，而且需要在不受威胁的环境下发展这样的系统。

人有六种基本情绪，即惧、怒、恶、惊、哀、乐，还可在这张列表上添加许多次生情绪和混合情绪，如期望、紧张、骄傲等。任何情绪的产生都包含着必须发展而维持的认知激发系统，因为人脑要依靠这样的认知激发系统来认清各种危险，然后再去趋利避害。

认知激发系统的功能不用则失，在日常生活中经常激活某些情绪或许并不是为了维系一个重要但少用的逃生技能。游戏和比赛就常常人为地激活暂时的恐惧（及其基础——注意力），这或许可以部分地说明为何我们的文化中对游戏和比赛有着浓厚而持久的兴趣。值得一提的是，所有其他情绪（和注意力）在游戏和比赛中也发挥着同恐惧类似的主要作用。

艺术。艺术在发展和维持运动技能方面也起到重要作用，我们不仅希望从运动中获得乐趣，而且希望自己的动作优雅得体。例如，儿童刚练滑板时，只是想掌握身体平衡的方法和基本动作，不过一旦感到自己对这些的掌握已不在话下时，兴趣就开始转向，从把滑板只当做一种代步工具转到追求美妙绝伦的动作。至此，滑板运动实际成为了一种舞蹈。

所有艺术形式都少不了身体活动，画家要在画布上涂抹颜料、鼓手要敲击出有节奏的鼓点、演员要扬眉转眸……我们不是为动而动，而是要在人类生活中添加美的元素。

令我们感兴趣的艺术活动，大多与我们所关切的重要个人问题有关。因此，从事这些艺术活动，我们就可以在并非真正的问题迎面而来的时期，以一种类似游戏的闲适方式来探讨问题，从而有助于我们发展和维持用来应对挑战的情绪、关注和问题解决系统。

体育。近来，许多学校大刀阔斧地削减艺术课和体育课，结果导致校园内使儿童尽情玩耍的欢快氛围消失殆尽。这不能不说是会令我们今后懊悔不及的生理悲剧，因为现在我们的社会明明知道，各种身体活动对发展和维系儿童的大脑功能起着关键作用。

Ratey（2008）提供的言之凿凿的研究报告足以表明，促使身体积极活动的体育课实际使学生的学业成绩有所提高，体质有所增强。例如，在赢得全美赞誉的伊利诺伊州的内珀维尔中学，学生的考试成绩及行为表现、校园文化的实质性改善都可归功于体育教学计划。另外，以通用身体指标为衡量标准，该校1.9万名学生中超重的仅占3%，而全美学生的平均超重率为30%。

心理运动

我们同样可以想到心理状态范围内的"运动"，例如，身心的运动依次为幼儿期→儿童期→少年期→青年期→中年期→老年期。从失业到就业，从未婚到已婚，从信奉某一政治理念或宗教派别转向信奉另外的派别，都可说是运动。

我们大多对轰轰烈烈的历史运动兴趣盎然，心驰神往。各种形式的外来移民历来是美国万众瞩目的文化与政治问题，而刘易斯与克拉克的探险考察则成为点燃民众在全美境内熙来攘往的星火①。大多数宗教的历史都有某些以资纪念的重大的运动事件——亚当与夏娃被逐出伊甸园、犹太人跟随摩西离开埃及、穆罕默德率领穆斯林大军从麦地那返回麦加、摩门教徒跋山涉水迁往犹他州——这些都是人们耳熟能详的例子。

在从古至今的文学作品中，例如从《奥德赛》到《莫比·迪克》（又译《白鲸》）再到《哈利·波特》，人们穿梭时空的故事不胜枚举。《哈利·波特》的系列故事之所以能对青少年有广泛的吸引力，就在于书中富有想象力地体现了一群小主人公所经历的多姿多彩的身心运动。

可以说，运动就是生命本身的一种形式。我们的身体无处不动，即使我们以为自己纹丝不动时也是如此。我们的心在跳、血在流、肺在翕张、营养物质涌进消化系统、神经冲动传遍大脑、病毒与病菌环绕身体四周伺机入侵，而我们的免疫系统则密切监视严阵以待。身体完完全全的静止意味着生命彻彻底底的死亡。

有些教师喜欢学生正襟危坐、噤若寒蝉，或许他们更关心的是教一丛树而不是教一群人。

---

① 该探险为美国国内首次横越大陆西抵太平洋沿岸的往返考察活动（1804—1806年）。——译者注

第三章
青少年之脑 [①]

谢丽尔·范斯坦

人们对青少年的普遍看法其实是大谬不然的成见，青少年并不是说话颠三倒四、做事毛手毛脚、沉迷于谈情说爱、喜怒无常、胡思乱想、无法理喻的怪物，而是一时还跟不上自己身心发展速度与力度的、心灵手巧的生物。青少年处在身心发展突飞猛进的时期，因此，他们可以做到条分缕析地想、声情并茂地说、潇洒自如地动。当然，他们常常会利用自己刚刚具有的能力，或是花言巧语找理由为自己迟交作业开脱，或是费尽心机耍花样来蒙哄教师。即便实情如此，这也是一个值得称道的新起点。

你可曾知道：

- 青少年之脑特别爱追新求异。

- 多动症并非由差劲的学生、糟糕的家长、蹩脚的教师所造成，其病根在于人脑。

- 额叶此时的发育陡然提速，这意味着青少年往往使具体问题复杂化，看待周围世界理想化，说的是一套，做的却是另一套。

- 顶叶的发展有助于从事体育活动的青少年提高敏捷度，有助于从事音乐活动的青少年增强节奏感。

[①] 选自谢丽尔·范斯坦著：Secrets of the Teenage Brain：Research–Based Strategies for Reaching and Teaching Today's Adolescents，科文书社，2009 年。

> - 身体活动有助于小脑的发展，因而训练小脑有助于改进青少年的认知加工系统。
> - 反馈可提高大脑运作的效率。
> - 青少年虽热望别开生面的新奇，但也渴求中规中矩的秩序。

那些本来在教室外的走廊上疯疯癫癫、闹闹哄哄的中学生，突然变得蔫头耷脑，一个挨一个地走进教室上英语课，塌着肩膀、拖着步子，面面相视时，彼此翻着不言而喻的白眼，露出无可奈何的表情。他们默默无言地坐下，死气沉沉地等着实习教师。

实习教师进来了，就像她的学生一样——没带一丝开朗的微笑，没说一句亲切的话语——快速而机械地径直走到全班前面，50分钟的标点符号用法的讲授课就这么生硬地开始了。一个男生俯身侧向邻座哀求似的嘀咕："干脆杀了我得啦，趁早动手。"教师絮絮叨叨地讲解标点符号的各种用法，早使每个学生兴味索然。教室里，学生不是想入非非，就是昏昏欲睡。

引发学生注意的技巧

教师的首要任务之一就是激起学生的注意，倘若上课的教师无法吸引学生的注意，那么对学生是否可以学会任何东西，最多只能抱有"一丝希望"。注意，这个心理活动过程对人类有两个基本用途：首先是为了活命。我们的祖先就是靠其大脑时刻提防生人、雷雨、野兽可能带来的各种危险，从而保证了人身安全。值得庆幸的是，上学难得有让人生死攸关的险境。其次是为了维系快乐。看戴舌环的异国女郎、尝双筒巧克力冰淇淋、听播放的摇滚乐，都是令当代青少年解颐开怀的乐事，当然还有妙趣横生的故事、催人泪下的悲剧、纷纷扬扬的初雪……

　　人脑接二连三地接收来自感官的大量信息，我们所见、所闻、所触、所嗅、所尝的一切——披在身上的衣服、教室四周的米黄色墙壁、暗处若有若无的收音机播音声——莫不进入专门的感受器。人脑的底部有管控诸如呼吸、血压、心跳等无意运动的脑干，脑干里面的网状结构是接收各种感官的信息并调控觉知水平的神经元系统。有些觉知是处在有意识的水平，如你看见教师的活动或听见教师的说话，有些觉知则处在无意识的水平，如你常常对室内墙壁的颜色视而不见，对穿在脚上的袜子触而不觉。人脑不可能对所接收的任何信息都有意识地全神贯注，当你的全部注意力都被身边的俊俏姑娘吸引时，是不会感到头上还戴着的那顶棒球帽的。人脑有着吸纳海量信息的本事，甚至连牙齿上粘住的菠菜，衣服上卷起的纤绒都照单全收，能把其中的大部分忘掉倒是我们的幸事，否则就不堪重负了。

揭　秘

　　青少年上课时对教室后面传来的某个学生腋窝咯吱咯吱声的兴趣，绝不亚于教师正在讲的光合作用。青少年之脑真正想了解的，与其说是那个为攒出勤率才来教室听课的学生，不如说是我们生活在其中的大千世界，尤其是看重新奇与意外之处。没有这两个要素，即使关于外星人技术的讲座或幻灯也无法长时间地维持住学生的注意力。

　　宾厄姆顿大学的行为神经学家 Linda Spear 博士（2000）研究了青少年追求新奇的倾向，发现青少年脑中的生理变化对他们的喜好取向有实质性的影响。值得庆幸的是，无论什么教学内容的课，都可以人为地安排新奇与意外。譬如，何必光用口讲光合作用，为何不用太阳灯去照射花草树木来演示；何必对着生物解剖图照本宣科，为何不干脆解剖一只青蛙。唤起青少年之脑对意外之事的天生兴趣，就能享有一个高效的课堂。

当问青少年对学校有何看法时，你不必惊诧于几乎众口一词的回答："讨厌"、"傻帽"、"恶心"。当然，在学校交朋友、谈对象、享用午餐、信笔涂鸦不会令他们腻味，因为青少年之脑迷恋或追求新奇与激情（Koepp et al.，1998；Spear，2000）。干巴巴地坐在教室，从头到尾听完既不新奇也无激情的讲授课，对青少年的注意力是一场真正的考验。许多教学策略与考试方式难以维持学生的注意力和引起他们的激情。练习册上的习题要求学生注意那些一望而知就和现实生活脱节的东西，讲授虽是一种有效率的教学法但常常不能形成群情激昂的气氛，至于那些客观考试，多采用刻板的多项选择题或判断题，更难激起学生的热情，也无法应用于现实世界。然而，讲授课和做习题偏偏是传递教学内容最常用的手段，岂不令人兴味索然。如果我们滥用忽视学生的情绪与认知特征的教学策略，也就使学生失掉了学习机会，因为情绪与认知是增强记忆力的两大要素。

使学生有愉悦的体验，就能抓住学生的注意力，这对师生来说都是喜讯，谁不乐意欢度有滋有味的时光呢。懂得如何寓教于乐的人，总能确保学生理解教学内容。以西蒙为例，他是一名精力充沛的九年级学生，他给全班介绍一座美国城市时，牢牢地掌控了所有同学的注意力。同学们听过关于美国名城（费城、波特兰）的讲演十多次了，这次不过是出于礼貌坐等着那种枯燥之味、平铺直叙的又一个大都市的故事。意想不到的是，西蒙从容不迫地迈开大步走到全班前面，一开口就要每个同学想象自己正闲适地坐在草坪上的躺椅上，一边啜饮着冒着热气的奶沫咖啡，一边眺望着横亘天际的重峦叠嶂："那是一个风和日丽的清晨，我们身在哪座城市呢？阿斯彭？盐湖城？不，在迈阿勒斯。"接着他一本正经地继续说："或许你们不免感到纳闷：迈阿勒斯里有什么好玩的，迈阿勒斯的居民是什么样的，我今天来这儿就是要把这些统统告诉你们。"全班同学的眼睛都聚焦在西蒙身上，先是满腹狐疑地盯着看，随后就捧腹大笑起来。不用说，西蒙吸引了每个学生的注意力（即使他讲的事情未必件件准确无误）。

物理教师伯恩特也是如此，有一天他竟脚踩旱冰鞋哧溜地滑进了教室，着实让学生又惊又喜。似乎他自己滑旱冰上课的新鲜劲儿还不够味，还给学生带来了旱冰鞋。学生争先恐后地穿上旱冰鞋，每人轮流拽着另一个人围着教室绕圈子，从而确定两种不同质量的物体的合力与速度。乔瑞恩先生（年纪轻，体型棒）在上生物课时，当场做了几个侧手翻来显示分子的旋转运动。这两次课，没有学生分心走神，每人大脑的注意力都集中在教师及其教学内容上：不仅活动有趣，而且内容有用。

激发学生注意力的活动不一定非要逗学生笑，叫学生做。一位中学校长霍夫曼先生说明了为何一个特邀演讲人用一个故事吸引了所有学生的注意力。故事说的是演讲人的弟弟被一个酒驾司机撞死，而故事结尾出乎所有学生的意料，原来肇事者就是演讲人本人。这个故事使学生难以忘怀，上其他课时还在琢磨其中带血的教训，从特邀演讲人的惨痛经历来考察自己的行为（过去的和将来的）。这位校长甚至还接到不少家长打来的对话，说这个故事如何使自己十几岁的孩子有了脱胎换骨的改变。

教学策略

请注意听我讲话好吗？

如果全体学生已经聚精会神地瞩目于你，其余要做的就是使其注意力不要懈怠。创设新奇是其中一个方法，尽力调动学生的所有感官，激发他们的好奇心，从各个方面将新奇展现到学生眼前：变换语速和语调、穿喇叭裤、巡行于教室、使用彩色粉笔、带几束鲜花或添点柠檬香味。总而言之，使学生的所有感官用于学习探险。

雷诺兹女士给学英语的九年级学生上诗歌课，一开场却用法语讲课，望着每个学生面露惊奇的神色，她心中宽慰地感到，重新翻开尘封已久的高中法语课本并不是白费气力。阿蒙森先生将灯串挂在布告板的四周，以此显示立法机构如何通过议案。灯串不仅"点亮"了课堂，也"点亮"了学生的心房（此系一个高二学生的双关语）。不过，教师不必总是当创新的主角，可以鼓励学生独出心裁的做法，变换学生的座位或交给他们一个感到惊喜的动手任务。你甚至可以给他们的整个活动过程录像，并让他们自己分析有哪些环节有碍注意力集中。

从始至终地维持学生的注意力也有一个负面作用，即教室内没有多少让学生分心的东西时，他们倒是乐意从从容容地看你动，听你说。不过，注意的并非你从墙上取下什么东西，而是你本应觉察的自己某些令人厌烦的来回折腾的行为方式，如习惯性地清清嗓子或神经质地拉拉领带。当然你也不会高兴有个学生整堂课都在默数你在讲台上敲了多少次铅笔，说了多少次"OK"。这可不是我们奋力以求的"注意"。

值得试一试的做法

- 给学生观看逗乐的报载连环漫画或几分钟的电视卡通片。
- 提出开放性问题，如：换个灯泡需有多少同学？（一个答案是：三个，一个换灯泡，一个扶梯子，一个去订披萨饼）你也可以要学生用一两分钟写出自己感到好笑的妙语。
- 用碟机播放一首流行歌曲，问学生为何喜爱这首歌曲——问他们感兴趣的话题有助于调动他们的注意力。
- 给学生看一段流行的商品广告视频——学生肯定喜出望外。
- 让学生在黑板上找个地方写出描述他们本周学习内容的所有单词。
- 给学生讲你中学时代的一件"糗事"或"趣事"，学生会感到你平易近人而乐于同你交流。如果讲得声情并茂，足以活跃教室的气氛。
- 带些糖果作为写作文的引子，你可以要学生一边咀嚼糖果，一边基于教学内容构思关于糖果的比喻。
- 给学生分发一些黏土、羽毛、泡沫塑料等手工材料，让学生亲自动手制作物件，引发他们的求知欲，强化他们的触觉。
- 定期移动你的讲台，其实要定期移动教室里的一切，一年之中不仅要多次变动学生的桌椅，而且要变换桌椅的摆放形式。
- "故意找茬"，激励学生就主要的教学内容提供重要的信息或阐述自己的见解。

- 为了营造课堂的学习氛围，调动学生的学习热情，给学生朗读一首适情应景的 Shel Silverstein[①] 或 Emily Dickinson[②] 的诗。
- 发起一个帮助本地社区移民青少年的服务项目，尤其要提供直接帮助某位同学的机会，使这种服务具体、独特、有意义，这样做能激发学生济贫扶困的意识。
- 学生取得了出色的成绩，办一场别开生面的庆功会令他们惊喜，如让学生到室外做爆米花或滑旱冰。

注意缺乏 / 多动障碍（ADHD）

解决集中注意力这个问题对 ADHD 学生来说具有特别重大的意义，这些学生对家长、教师，甚至对自己都是一块烫手山芋，因为他们易分心、爱冲动、好强辩，缺乏取得在课堂中顺利学习所需的扎实基础。

注意力涣散是 ADHD 学生面临的主要障碍之一，其负面影响遍及他们生活的方方面面：学业、友情、娱乐、就业。向他们提出的每一个问题，教师常常听到的回答就是一个接一个的"我不知道"。你的家庭作业呢？我不知道。为什么你在教室里逛来逛去？我不知道。你为什么和她交头接耳？我不知道。这种听来令人心烦意乱的口头禅，正好显示了他们无法集中注意力的症状。

过分活跃同样与 ADHD 密切相关，不仅这些学生本人深受其害，他人也不

---

① Shel Silverstein(1932—2000)，20 世纪美国最伟大的绘本作家之一，多才多艺，集画家、诗人、剧作家、歌手、作曲家于一身。——译者注

② Emily Dickinson(1830—1886)，美国抒情女诗人，被誉为美国现代派诗歌的鼻祖。——译者注

胜其烦。教师常将 ADHD 学生的行为描述为"就像打足气的皮球,一碰墙就弹得老高","坐卧不宁,手舞足蹈,抢答问题,乱说一通","从不注意听讲"。

认识因果关系是 ADHD 学生遇到的又一道难题。大多数青少年都明白:如果他们及时交家庭作业,就能学到更多的东西,取得更好的成绩,缓解生活中的压力,可 ADHD 青少年却偏不懂其间的关联。

过度专一是 ADHD 学生的又一特性,那种需要即刻自发反应的活动往往会触发 ADHD 学生的这种专一性,譬如,玩电子游戏最易于唤起他们恋恋不舍的劲头。一旦他们被某事吸引也就乐此不疲,片刻不肯停歇。当 ADHD 学生不管不顾地沉湎于某事时,强行打断不失为一剂避免他们走火入魔的良方。

将 ADHD 人的与无 ADHD 的人相比,两者脑部之间可以出现诸多差异。譬如,ADHD 青少年与同龄人相比,脑体积要小 3% 或 4%。值得庆幸的是,这种脑体积的差异毫不影响他们的智力。其他的脑差异表现在基底神经节与额叶上,前者是脑中调动思维与情感的部位,后者是脑中进行筹谋与决策的中心。就 ADHD 青少年而言,由于两者都减少了执行功能的正常活动,也就减弱了他们集中注意和控制情绪的能力。多巴胺使他们的这种状况雪上加霜,因为多巴胺的传输载体先装上了超量的多巴胺,才使之在脑细胞之间传递。这种程序上的失误进一步损害了 AHDH 青少年集中注意与控制冲动的能力(Bloom, Beal, & Kupfer, 2006)。

教学策略

- 尽量避免他们心有旁骛——安排他们坐在教室前排,清除书桌上的杂物,并使其座位离开人们经常走动的地方。
- 对每个教学环节都给他们以具体详尽的指导。
- 允许他们随口回答问题,若有可能,也允许他们在教室里走动。
- 将教学目标与作业分解为容量较小且易实行的各个部分。
- 采用计算机辅助教学,这可以吸引他们的注意力。

- 通过利用规划簿、直接教授学习技巧等办法，帮助他们的思绪从杂乱无章走向有条有理。
- 调整期望，不要对他们骤然爆发的捣乱行为感到震惊。
- 保持镇静，既然他们缺乏自控能力，我们作为成人就必须有更强的自控能力。
- 当他们行为失控时，不要与他们争辩是非。
- 向家长或医生如实地反映他们在课堂的行为，既然我们对在校行为有要求，就要尽到自己解决有关问题的重大责任。

见树还是见林？

位于大脑前端、前额后面的额叶是皮层的最大部分，主管认知处理过程。学习言语、阅读、写作、数学、音乐都要在额叶里经历认知处理过程，从而提高相应的分析、应用与评价能力。中学教师总在苦苦思考，怎样使学生进行推理分析，怎样开启他们的认知活动，怎样激活他们的额叶功能。充分了解青少年的成熟过程，也就为提供与之配合的教学开辟了道路。现在，神经系统学的知识已使我们有一个"历历在目"的机会，看清从儿童到青少年再到成人额叶里发生的巨大变化。

儿童是通过看得见、摸得着的具体事物来感知大千世界的。有一天，我参观一

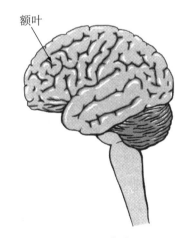

额叶

图 3.1 人脑

资料来源：据 Suosa. D.A.(2003)《天才之脑如何学习》(16 页)绘制。

所小学时，无意中听到一群学前班的儿童在议论一对夫妻中谁的年龄大。对我而言，瞟一眼就可看出丈夫明显地比妻子年长，可儿童却另有一番饶有趣味的见地。莱蒂断言："她个子高，肯定年龄大。"那口气听起来这个推论是理所当然的，其他孩子则纷纷赞同而结束了讨论，显然莱蒂的逻辑也是每个在场儿童的逻辑。过了不久，他们的女老师将孩子全都召集到教室，告诉他们那天是总统日，① 然后问道："在总统日我们庆祝谁的生日？"无人搭腔。于是老师又说："有一个是林肯。"这时立刻有人举起手，迈卡满怀期盼地问道："他带来了纸杯蛋糕吗？"多么天真无邪的童心稚趣啊！不过，只凭具体的事物度日也有其局限性，幼儿没有"过去"的概念：林肯依然活在人世，蝴蝶不是脱蛹而出，妖怪确实住在床下。有必要靠成人之脑来指导和规范儿童的生活，儿童需要我们善于微调的额叶去教会他们挡避生活的风雨。

揭　秘

多年来，成人感到青少年有己无人，对周围的世界冷漠无情，同时，青少年则踌躇满志地以为，只要又蠢又笨的父母给他们机会，他们足以解决世上的一切难题。他们绝不会让地球受到如此严重的污染，绝不会在那么多人忍饥挨饿时还在车库里添个多余的冰箱。如果青少年为世界的主宰，所有的海滩将分外明净，人人都将饮用运动饮料，整个世界将变得更加美好。

随着额叶的发育日渐成熟，青少年增强了道德推理和理性思维能力。幼儿大脑的思维只基于具体事物——我得到的曲奇饼干是否和她得到的一样多？——可是，青少年大脑的感知力和关注点都扩大了，他们能揣测他人的想法，感受岁月的流逝，就在一刹那间幡然醒悟，世上年轻过的不只有他们，任何行为都会给以后带来必须为此承担责任的后果。他们探究世界不仅从其现状出发，而且从其演变出发。

---

① 美国的"总统日"，在二月份的第三个星期一，纪念华盛顿和林肯的生日——译者注。

自幼儿时就男女有别的额叶在青少年期渐趋发育成熟（Giedd，Blumenthal，Jeffries，Castellanos，et al.，1999），少年开始进行抽象思维，能琢磨脱离具体事物的概念，考虑假设性的问题，如"如果在雨林中已发现了数百万种植物，而且大多数药物都源自雨林中发现的植物，那么在雨林中滥砍滥伐对我们的未来有什么后果？"青少年能够深入讨论的主题，从民权到死刑无所不包，具备了分析、推断、做出反思性决策的能力。

教育工作者知道，中学生需要了解和掌握高级思维技能，但身体发育在其中的作用不论怎么强调也不会言过其实，必须将生理成熟历程与思维教学策略水乳交融的相互配合，才能构造思虑缜密的大脑。若将青少年比作电脑，我们想给他们安装的"软件"应有尽有，但若他们的"硬盘"尚未更新换代，"软件"的作用微乎其微（Epstein，2001）。加强抽象思维技能习得的"软件"，包括探究各种假设性问题、传授概括性强的概念、鼓励进行科学推理和做出反思性决策。不过，所有这一切都不能操之过急，而要耐心等待，因势利导，随着青少年这一发展阶段而循序渐进。建造宏伟的罗马城既非一日之功，培养聪明的青少年大脑也不能一蹴而就。

神经系统学家和教育心理学家一致认为：并非所有的青少年都会在同一时段发展抽象思维能力，在初中和高中需要有因人而异的具体学习策略（Neimark，1975）。Pierre Van Heile 曾设计出发展几何思维的模式，并对高中几何教学做出了发人深省的研究。他发现，许多高中生初学几何时，仍然需要借助可用手操作的具体材料。可高中教师却期望高中生无需动手就可处理复杂且陌生的材料，这样的要求导致学生在学习几何的过程中受挫，产生沮丧、懊恼的情绪。

在学习几何时提供用手操作的材料，可使学生快速地转入学习所需的抽象思维，在学习其他学科时也同样如此。生性活泼的十年级学生肖娜说："我的历史老师总是滔滔不绝地讲课，这种口授的教学方式对我不合适。我一上历史课就走神，尽力克制也不管用。上生物课时，老师就让我们自己动手做事。有一周，我们解剖了小猪崽，尽管臭气熏天，可我们轻轻松松地就了解了猪体的各个部位，最后我连那些各不相同的心室都弄得一清二楚。"对常常陷入沉思的

17 岁男生杰森来说，要理解高等数学的内容，具体的实例最能使人豁然开朗。他这样说道："我喜欢数学课，我们不仅做练习册上的习题，听老师的口头讲解，还要用各种实物来解题。有时候，对有些内容，我得看见它才能理解它。"

课堂教学的推陈出新

有些最传统的授课要素经过充分的研究，证明有益于人脑的发展。美国内陆地区教育与学习研究中心的 Robert Marzano 及其研究小组已经指导教师在课堂坚决贯彻十大教学策略（Marzano，Pickering，& Pollock，2001），将有关的教学活动相互配合，就能使青少年有机会一面继续基于具体事实来求知，一面磨炼抽象思维的能力。

1. **写出课堂学习总结**。尽管对写课堂学习总结毁誉参半，但仅就写总结来说，要求学生在分析所获得信息时对有关知识进行删除、替代和保留。在上课期间和课末详查有关信息有助于加强对此的理解——写总结不一定非要写成分段落的短文。可以要学生直接写出当天学习的五个概念，也可以只写出一个足以概括所学内容的大标题，或者对第二天将要学习的内容作出预测，亦可采用便于利用技术的格式。如让学生发出"短信"的总结，但用手机不是必要条件（用手机只不过添加点趣味），短信完全可以写在一张纸上。

2. **辨别信息的同异之处**。人脑按相似之处储存知识，但按相异之处提取知识。用图示表明同异这一简单的教学活动已被证明可以提高学生在标准化测验上的成绩。高级思维要求对信息进行比较和分类，学生必须先分析和评价信息才能对信息分类。维恩图、矩阵图、流程图都从视觉上有助于这一思维过程。

相似之处与相异之处

橄榄球　　　　　　　　　棒球

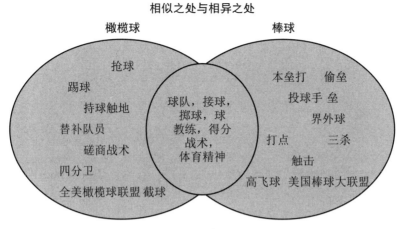

抢球

踢球

持球触地

替补队员

磋商战术

四分卫

全美橄榄球联盟 截球

球队，接球，
掷球，球
教练，得分
战术，
体育精神

本垒打　偷垒

投球手 垒

界外球

打点　　　三杀

触击

高飞球　美国棒球大联盟

图 3.2　维恩图

3. **写出隐喻与类比。** 写出隐喻与类比是实践高级思维技能的有效办法，试想一下，要填写下面句子的空格有多少种填法：青少年像＿＿＿＿＿＿＿＿因为＿＿＿＿＿＿＿＿＿＿。一位老教师是这样填的：青少年像电视剧，因为有时你从头至尾都喜欢，有时则恨不得问一声，究竟是谁把这些烂剧编出来的。青少年或许喜欢填写这样句子的空格：互联网之于＿＿＿＿＿＿＿＿犹如大脑之于＿＿＿＿＿＿＿＿。

4. **以非语言方式表达内容。** 储存知识通过两种途径：视觉和语言。两者结合有助于优化学习，因此多用绘图工具和身体活动，就给多元智力奠定了坚实的基础。

5. **提出假说，验证假说。** 鼓励学生运用所学的知识，让学生提出有创见的假说是这种探索过程的有机组成部分，这有助于培育日益明智的大脑。学生可就便参与的活动有：考察学校的水质、对比新生与老生的有益健康的生活方式、探索绿化学校的多种途径等。参与这些活动能不能找到答案并不重要，重要的是"征途"，而不是"终点"。

6. **强化努力，认可成就。** 要使学生了解努力与成就之间的关系，彰显身处逆境而奋发有为的人生事例，树立可供学生汲取教益的榜样，学生只要努力并为此甘冒风险就要褒奖。当表彰成就时，务必强调激励学生努力的内在动机，不必以糖果等为奖赏，而是要学生体味成就感和形成积极的自我概念。

7. **布置作业，安排练习**。重复演练技能有助于牢牢地记住技能，被激活的突触可加强记忆力并使记忆的东西更易复现，做作业就是一种增强记忆力的练习。作业可采取多种形式：联想识记（如"ribosomes，cytoplasm，proteins＝Robots Can Produce"①）；预习第二天的教学材料（如"阅读第二章"）；理解复杂的教学内容（如"比较各种能源"）；加快学习的速度（如使用抽认卡片），所有这些都是可有效地提高学习能力的实践活动。作业的难度及所费时间应该随着学生年龄的增长而增加，请记住，14 岁儿童的大脑具有的学习能力远远胜过7 岁儿童，做作业时家长尽量不要提供帮助，也不要片刻不离地守在儿童身旁。

8. **促进合作学习**。在学习中要建立学生之间积极的相互依存性，将学生分成人数少的小组，每组的成员构成没有固定性：谁都不想老分在"中组"或"慢组"。开展"网络专题调查"——利用网络资源而进行的专题调研活动——可使合作学习这一策略增添新奇感。

9. **设定目标，提供反馈**。教师制定的教学目标有助于确定学生的学习方向，当学生将这些目标真正"据为己有"后，就会产生"我的学习我做主"的主人翁意识。教学目标无论是长期的还是短期的，在课堂教学中都有自己的一席之地。反馈则可重新调整学习方向，及时而具体的反馈是最起作用的反馈。

10. **以提示、问题、引子来开讲新课和强化教学内容**。上课之初就要确定正确的方向，用问题与引子唤起学生的记忆。聚焦最关键的内容：不要将"主题"与"琐碎"混为一谈，在一塌糊涂的泥浆里翻来覆去地细细寻觅，找到的还是一塌糊涂的泥浆。尽管细节可以是为生活添加滋味的作料（如"摩洛哥的山羊会爬树"），但绝不应该当成主菜。鼓励学生分析情况，而不仅仅是描述情况，通过提问促使他们以新的视角考察情况。譬如："你以前是怎样做的？""你以后会用什么不同的办法？""为何你做出了那样的选择？""有何证据支持你的

---

① 此句直译的中文为"核糖体、细胞质、蛋白质＝机器人能制造"，很难由此及彼地进行联想，但从英文看，则利用了有关词汇形近与音近的特点，用较易记住的"Robots Can Produce"联想到 ribosomes，cytoplasms，proteins"。——译者注

结论？""你能把本门课学到的东西用到其他的课上吗？"请记住，学生回答问题是需要时间的，若想学生给出一语中的的答案，你需要耐心等待。

教学策略

我思故我学

当选择教学策略时，必须记住有关人脑的三件事：一是人脑具有多重处理能力；二是人脑越用来解决难题则变得越灵敏；三是人脑积极参与学习时能产生神经元的突触连接。因此，那些需要复杂的思维技能和互动的教学策略则给人脑提供了高效运转的机会。

将思维课引进课堂就是利用了青少年初具的抽象思维能力，可以用以下教学活动来提高青少年的高级思维能力：问题导向学习、从事科研项目、开展科学实验、进行专题探究、分析真实资料、写议论文、作学术报告、编写剧本、谱写乐曲（不是音乐课也可谱曲）、分析图形等。某天，让学生设想一下，在自己的储物柜中藏放大麻或在浴室墙上胡写乱画或画帮派标志会承担什么样的法律后果，第二天，就请律师或警官到课堂上说明真正的法律后果。创作一册政治性连环画，从通俗歌曲中探寻人生哲学，分析一部电视剧，或讨论诸如婚姻、育儿、酗酒、吸毒、交友、就业等热门话题。

值得试一试的做法

- 为橄榄球队设想一种新打法或为某位学生会候选人开展拉票造势的竞选活动，利用电脑来采集解决这些问题的资料，这有助于强化积极使用技术的能力。
- 向同学口述自己的想法——当确定一个作文题目或解一道三角习题时，完整地谈出自己的思路。
- 模拟某种刑事案件，并由学生破案。利用经久不衰的类似电视节目，引起"小侦探"的浓厚兴趣。

- 将学生结对或分成小组，并由学生自己负责。让学生互教互学是使他们取长补短的良方。

- 依据现代背景改编一出莎士比亚戏剧，然后明确并解说两种版本的异同之处。

- 物色可作学习资源的社会人士：就雇用青少年职员的问题采访各个行业的雇主，向老年人探询他们对亲历的某个重要历史事件的看法，跟随某位州议员或市议员实地见习。

- 开发学生的多元智力：绘制美国或每个洲的出生率图表，倾听并谱写啼啭的鸟鸣，发明一种竞技游戏，参观博物馆。

- 观看并分析电视上的政治辩论；观看15分钟的当地新闻，思考哪些问题最可能影响到青少年；就当下关注的问题（如森林火灾、反恐作战、干细胞研究、运动员使用兴奋剂等）撰写文章；搜索互联网的资料来确定当务之急的课题。

- 让学生写一份专题调查报告并分发给自己的同学（如写体育课对学校精神或学业成绩的影响或对学生生活有重要意义的专题），收集和分析有关资料。

- 为慈善事业开发一种类似彩票中奖的撞运游戏，预测其收益并模拟其运作过程。

- 从当代（生物学家愿意订购的内容是什么？）、历史（第一次世界大战期间的事件）、虚构（简·爱可能想读的东西是什么？）的角度进行取材构思来发行一份班报，要写出引人入胜的标题和主要新闻，绘制连载漫画，评述娱乐活动，要有金融版面和答读者问专栏。

- 供外语教师参考：让学生了解某个外国的风土人情，并为编写一部相关的旅游指南收集相关的资料。

- 供中学教师参考：让学生群策群力创设一个主题学习单元，主办关于"文艺复兴"的博览会，赞助一项考古发掘工作或调查社区垃圾处理方式。

创建更美好的世界

抽象思维不是随着额叶的快速发展而在青少年身上可见到的唯一变化，认知能力的日渐成熟，就会促发追求理想的行为。青少年最终既能理解现实世界运作的方式，也能深思达到理想境界的各种途径。在此阶段，青少年开始对前辈看不顺眼，尤其百般挑剔父母一代。初中阶段，青少年追求理想的行为主要体现在口头上——比如他们说到如何打一场好球可以侃侃而谈，可实际却难得做到。乔丹力倡废物回收利用，卡加担忧媒体展示少女形象的媚俗手法，不过，他们对这些正事所做出的最大贡献，或许仅是慷慨激昂的漂亮话。即使最有环保意识的 13 岁学生也至少有一次因为随手丢弃了杂物而被罚去清扫学校操场。

进了高中，青少年常常将理想化为行动。年长的学生会参加满足各种社会需求的服务性社团，如按夏时制帮助老年人调整时钟，辅导幼童学习，参与当地筹集善款的步行马拉松活动等。拉斯每周到慈善机构的施食处当义工，为穷人分发免费食物，他这样说道："我感到很开心，帮助了许多不幸的人，觉得自己正为改善社会尽一份力。"马克到教会学校给二、三年级的学生上课，他说："我这样做是为了服务社会，帮助到这个礼拜堂的孩子了解犹太教。我喜爱这种教学活动，因为我乐意与孩子打成一片，我感到很高兴，因为我给孩子们树立了好榜样。即使他们现在或许还看不到这一点，但我想以后他们会回味我的积极影响。"

但是，青少年在其追求理想的行为中多少有点虚伪，常常言行不一，说得出却做不到，这也是司空见惯的现象。David Elkind(1978) 把这种特点称之为"青少年的虚伪性"，不过认为这种虚伪与思想不成熟有关，而不是一种人格缺陷。从人脑发展的情况看，青少年的虚伪行为与额叶发展进程与覆盖额叶的髓磷脂有关。直到青年期结束前，人脑还不是一条平坦的康庄大道，上面仍有多处需要铺平的泥坑水洼与崎岖小路。

安妮塔经常对朋友说，诚实对她如何重要，她决不会向朋友撒谎。可母亲问她和谁一起看电影时，她却图省事有意不提任何男孩子的名字。林德西、凯尔西、玛奇都参加了一个旨在服务社会的学生团体，眉飞色舞地谈到她们即将从事的第一次活动——清扫城南的一条公路，她们确信这是自己改善社区的机会，并为此做出了精心周到的安排：谁开车送她们去，穿什么样的工作服，午餐盒里装什么食物等。可是，玛奇的母亲——负责开车送人——却被这些女孩当天的行为弄得糊里糊涂。当问到那天活动的情景时，她说："姑娘们干得挺卖力，挺带劲。可我怎么也看不懂这些年轻人，顶着烈日收拾了两个钟头的垃圾，然后吃午饭，吃完饭后，这些姑娘却把糖纸随手丢到地上，真不知她们想什么！"

伪愚（pseudostupidity）是教育心理学的一个术语，用来描述青少年大脑思维时患得患失的特点（Elkind，1978）。随着额叶的发展，青少年能够从多重视野来思考同一个问题，不再力求唯一正确的答案，而是设想多种可能性。青少年能多思，这听起来确实美妙，可这种能力使他们的生活不是简单化而是复杂化。当面临一个问题时，他们会思来想去，却不能给出一个答案。这并不是因为问题太难而不会求解，而是因为他们把问题弄得太复杂。答案或许就摆在眼前，可他们偏偏要琢磨各种各样的解法，而不是考虑那个显而易见的答案。

中学教师阿姆斯特朗布置的家庭作业是一道易解的题目：要求学生用牙签表示何为指数增长，做题所用的材料仅三样：牙签、纸张、胶水。最便捷的做法难道不就是使牙签数目成2倍增长，分组将牙签依次摆出1根、2根、4根、8根……吗？这样的作业，用意是让学生形象地了解指数增长有多快。那天晚上9：30，阿姆斯特朗接到一个气急败坏的家长打来的电话，说他六年级的儿子山姆做题时急得泪流满面。原来，山姆以为需要表明指数增长的复杂性，于是要将牙签摆到成百倍增长，可家中的牙签远远不够，而附近的杂货店也关门了。可见，在这个学生心中，将本来易解的简单题人为地变成了难解的复杂题。

社会场合中也会出现伪愚。"将外衣挂在衣橱里"，就这么一个简单的要求也会使青少年心里疑神疑鬼，从而举棋不定："他们是不是想控制我？如果我拒绝这样做，可他们其实并不想控制我，我是不是还要拒绝呢？我到底应该怎么做呢？"通常，青少年的作为都显得有点傻里傻气。言者无心的一句话常常成为点燃青少年心中浓烟烈焰的火苗，或引发他们心中的极度焦虑。阿曼达，一个非常逗人喜爱的小姑娘，自从举家迁往一个新学区后，就为如何结交朋友而担心发愁。据她的一位老师说，她为使全班同学都喜欢自己，竟然到了巴结讨好的地步——用好吃好玩的东西款待同学，同学无论说什么都马上随口附和，为引人注意而忙东忙西。其实，她要做的就是体现本色的"一如既往"。

教学策略

走进社会

对付青少年虚伪的最好办法就是让他们深入了解现实世界与社会环境，向他们揭示真实的人情世态，说明他们的行为可带来的种种结果，这样有助于青少年懂得既要说好话，更要做好事，从而言行一致。

- 安排学生调查社会服务机构的工作，到本社区的施食处或收容所做义工，当幼儿的辅导教师或参与促进种族融合的活动。
- 鼓励学生为当地的政治活动献策出力。
- 邀请社会人士——年迈的退伍军人、本地的艺术家、导盲犬训练员，或者任何觉得合适的人——到你的班上做客座演讲人。
- 就历史事件或政治活动开展模拟教学。
- 将电视上或书籍中的人物的经历与学生的现实生活进行比较。
- 带学生到校外考察某市的垃圾处理场，让他们讨论如何在本校进行废物回收利用和不乱丢杂物。
- 让学生上网络学校——探究国际互联网上有争论的问题，讨论这些问题如何影响自己的想法。通过对话集思广益，提出解决这些问题的办法，并引导青少年将充沛的精力化为积极的行为。

> ## 揭 秘
>
> 十几岁的孩子近日来不再缠着父母要把自家的车库当做练习摇滚乐的场所，这颇让父母有些惊喜。研究表明，青少年突然钟情于那种震耳欲聋的音乐的真正原因，全在于顶叶的发育成熟。那些本来抱怨要为每周音乐课做练习的孩子，突然间却觉得弹吉他或对着麦克风唱歌不够畅怀尽兴了。那些本来抱怨父母不让自己在周六早上躺在床上看漫画的孩子，突然间却兴致勃勃地滚铁环或在房前打网球去"浪费"白天的大好时光了。
>
> 原来，顶叶控制着我们的空间意识和身体运动的敏捷性，青少年的脑部会不断形成新的神经元，清理旧的突触联系，从而微调他们控制双手、双臂和双腿的能力。青少年对各种身体活动都感兴趣，因为此时他们平生第一次发现，自己有能力用乐器弹出以前感到难弄的和弦曲调，有能力在打棒球时预测棒球着陆的地点。只要多加练习，必将熟能生巧——勤学苦练，回报无限，任何活动都妙不可言，

青少年思维剧场的后台

顶叶位于贴近大脑半球后部的头顶，其前区和后区各司其职。顶叶前区接受来自感官的信息，如疼痛、压力、温度等。是不是有点冷？是不是要加件外套？裤子是不是过紧？来自全身的信息都会传送到顶叶前区并受到监测。不过，身体各处对外部的感觉程度不一。唇舌对外部刺激特别敏感，有着直达顶叶的通衢大道。顶叶后区则负责逻辑推演、空间意识以及密切注意手、足、头在应付外部环境时的动态，有助于保持运动时的节奏并避免笨拙的失误。

青少年早期正是脑部产生灰质和修剪无用神经元的时期，因此是学习的大好时机。随着顶叶的日渐成熟，青少年从事体育运动和演奏乐器的能力可迅速达到驾轻就熟的水平。凯特琳在一英里赛跑中意气风发，有一次竟以比自己以前最好成绩领先五秒的神速跑完全程。怀亚特弹起钢琴来逸兴遄飞，悠扬婉转的琴声令听者莫不折服。两人都是在青少年时期技能得到突飞猛进的提高。

我们很容易看到青少年运动技能的精熟进程。例如，今天的某中学篮球队或许无法与大学篮球队抗衡争锋，但只要这些小队员勤奋不懈的苦练，到了明年说不定就可与大学篮球队一决胜负。九年级的教师可能最熟悉青少年的"脱胎换骨之变"——从学年初的九月到来年学年末的五月，这些学生已判若两人：从胆怯幼稚变得从容自信。一名九年级的男生可能全学年一直背着装有所有课本的书包上学放学（因不好意思询问别人哪个是自己的储物柜），可到了十年级却落落大方地找校长讨论调课转班的事情。

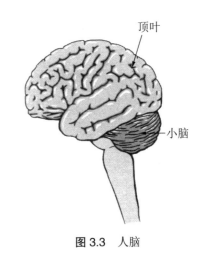

图 3.3　人脑

资料来源：据 Suosa. D.A.(2003)《天才之脑如何学习》（16 页）绘制。

"你的一言一行，你的一举一动……"

小脑位于人脑的后部，状如一棵花菜，里面的神经元多于其他的脑区，是脑中调节人体活动的又一部位，尤其与身体平衡、姿势、大肌肉运动技能（如骑自行车、慢跑、翻筋斗等）密切相关。小脑的巨大变化发生于青少年时期，将近成年时才发育成熟。"警察乐队"的首席歌手斯汀所唱的"你的一言一行，你的一举一动，我都要紧紧盯着不放松"，其用意所指可能与小脑毫无瓜葛，不过倒恰如其分地说明了小脑的功能——指引和调节我们的每一个动作！近来的神经学研究发现，小脑还可协调认知过程，从而使我们的思维任务化繁为简。正如小脑能平衡和指导我们的身体运动一样，也能平稳顺利地推进我们的思考过程。我们面临的思考任务越复杂，小脑在解决问题时起的作用就越重大（Giedd，Blumenthal，Jeffries，Castellanos，et al.，1999）。

小脑与运动皮层协同工作，一旦运动皮层做出明确的运动决策，就会将此信息转发至小脑，小脑随后连接通向全身所有肌肉的神经元，先忖度需要哪些可用来运动的肌肉，再将促动的信息传给这些肌肉，人体由此而动，然后小脑继续监测和调整人体运动。有人一边散步一边嚼糖会感到有些顾此失彼，这并不值得大惊小怪，因为同时完成这两件事要求小脑控制两种完全不同的肌肉群。

小脑不仅可提升打球、跳舞、步行上学等运动能力，也会促进诸如筹划聚会、酝酿论文、拟定决策等思维技能（Giedd，Blumenthal，Jeffries，Castellanos，et al.，1999）。人们的阅读能力（尽管不是理解能力）就隐伏在小脑之中，犹如心中潜藏着所喜爱的电影中的歌曲和台词，到时便可脱口而出一样（Leonard，1999）。正如学会运动技能需要有机会多练，青少年改进思维能力也需要有机会多思，着眼于提高学生思维技能的教师应该帮助他们多用小脑来完善处理信息的本领。青少年参与涉及动觉的身体运动，无论是上精心组织的体育课，还是参加丰富多彩的课外活动，或是弹奏乐器，都会强化小脑中的神经元连接。对小脑和运动皮质的神经元来说，多用则强壮，少用则软弱，强者存弱者除，强弱之间全系一个"用"字。

令人扼腕叹息的是，孩子上学后年级越升越高，但参加各类体育活动的次数则越来越少，要保持适宜的运动量，青少年比儿童更难以做到。全美各地的学区，只要面临左支右绌的财政窘境，就会在毕业要求中降低体育课的标准。例如，有些学区在毕业要求中曾规定体育课为一学分，现在则考虑将此减为半学分。虽然大多数学校依然保留课后体育运动项目，使孩子在课余时间（有日趋减少的势头）进行身体锻炼，可缺乏正规的体育课必将给学生带来负面影响，不仅体能而且智能都深受其害。

揭 秘

我们也许不应讥讽运动员"四肢发达，头脑简单"，你是否注意到现在的《美式足球技法手册》已经变得有多复杂？你能在激烈紧张的比赛中记起书中所有打法的示意图吗？最近的研究表明，美式足球运动员能照单全收地嵌入脑中或许有赖于身强体健！国家心理健康研究所神经学家 Lay Giedd 博士（Giedd，Gastellanos，Rajapakse，Vaituzis，& Rapoport，1997）也发现，长期被视为"脑中运动指挥中心"的小脑在协调思维过程和做出决策中同样起到关键作用。

青少年需要运动，削减体育课或校内体育活动绝不是改进学校学科教学的正确方针，尽管这话听起来似乎自相矛盾。活跃不已的小脑对高效地解决问题，周密地考虑计划不可或缺。若不经常参加体育活动，青少年之脑就会获得误导的信号：小脑中的神经元不如其他脑区的神经元重要，而用处不大的神经元就会面临删除的危险。没有强健的小脑，解答多步骤的数学题或撰写思辨性的作文就会倍感困难。

现已得知，青少年参与挑战性的认知活动有助于增加和强化用以调节思维技能的神经元（Giedd，Blumenthal，Jeffries，Castellanos，et al.，1999）。要使学生具有强健的小脑，让学生多采用与脑契合的学习策略（如艺术或科学的自修项目、模拟教学、解决某一问题的活动等）优于迫使学生一味被动地接受知识。小学教师通常会利用学生的身体运动来促进学习，而中学教师则常对这类做法不屑一顾，并不考虑学生的感受。譬如，有的学生说："有位数学教师叫我们动起来学习数学定理，太有用了"，"我们上美国研究课时，老师让同学扮演不同故事中的人物，我至今还记得他们那些活灵活现的表演"。

令人感到有趣的是，与其他的脑部位相比，在青少年时期小脑的男女差别最为显著。男性的小脑体积约比女性的小脑大 14%，而且这种差别在成人期也一直存在（Raz，Gunning，Dixon，Head，Williamson，& Acker，2001）。有人推测，男女小脑之间的差别在某种程度上是人类演化过程的产物——从前，男人要外出追捕猎物，女人则要在家照看火堆，因为小脑要不断地控制男人正在使用的运动技能，男人就发育出比女人更大的小脑（一般说来，脑中的任何部位的大小都与它要应对的任务总量成正比）。不管这种推测是否属实，小脑的大小或许能解释为何你班级中的男生手舞足蹈地总不安生，而女生却不在意静静坐着听讲。不过，男生女生都会得益于由身体运动促发的认知技能。

教学策略

健全之心寓于健全之体

有人曾对芝加哥小学与初中的主动学习的效果进行过一次广泛的研究，即对比学生主动学习的课堂与视学生为被动接受者（只靠做习题）的课堂，确定哪种课堂能促进学生的学习。研究结果令人印象深刻，在那些教学中强调人际互动的课堂内连续受教 4 年的学生，在爱荷华州阅读与数学基本技能考试中的成绩大幅度地提高了（Smith，Lee，&Newmann，2001）。

实现主动学习肯定会遇到不少"拦路虎"：上课时间有限，预备时间增多，当然，还有学生宁愿冷眼旁观这个最严峻的挑战。这些还只是教师面临的诸多棘手问题中的几个而已。不过，教师倒也不必谈虎色变。不妨记住这一点，尽管有众多促进学生参与学习的新颖办法，但只需把讲课与讨论相结合就足以营造一个让学生主动学习的课堂。不论教师尝试哪种调动学生学习的方法，只要有利于提高学生的学业成绩，就是吃点苦头也是值得的。

教师在教学实践中于不经意间能得到同样的结论。一位中学教师米勒年复一年地为学生难以理解"坡度"这个概念而苦恼，于是决定用主动学习代替纸笔练习，看看效果是否迥然不同。"我叫学生测量校内的无障碍坡道、橄榄球场、楼梯等的坡度，我觉得挺有趣，我想学生也是如此。结果令人惊喜，学生的考试成绩表明他们比以前对坡度有了更为透彻的理解"。

既然如此，何不将运动融入学习——少坐多动。进行模拟教学，玩猜哑谜游戏，开展各种要奋力而为的活动，用舞姿呈现自然现象或人类情绪，让学生尽量体验某人的心理活动，逼真地模仿乏味的特邀演讲人、代课教师的举止，扮演为评分与学生争辩的教师，谱写一首歌，创作一幅拼贴画，制作一个文物储存罐，设计一种棋盘游戏，从事一项科学实验。把棉签、彩色纸、果浆软糖、牙签统统拿出来吧，千万别闲着！

值得试一试的做法

- 让学生制作反映他们生活风貌的时代文物储存罐，将收集的各种文物"掩埋"在校园某处（人们不易发现的地方），一两年后再"挖掘"出来，然后让学生将各自的储存罐带回家中。这个活动从始至终都要求所有学生亲力亲为。

- 模拟国会的活动。让每个学生都有机会扮演来自各州的议员，由学生独自收集有关资料，但由集体表现国会议事的情景。

- 依据社会课、数学课或英语课的某些教学内容设计棋盘游戏，学生可以交换各自的玩法和据此下棋。学生可自由组成设计和博弈小组，设计游戏着眼于教育，博弈则着眼于娱乐。

- 设计出对某问题表明政治观的汽车保险杠标语——这样的活动可将个人创造与学术研究结合起来，举行有奖竞赛，评选出各种最佳保险杠标语并授予搞笑的奖项，如"最佳超微汽车保险杠标语奖"。

- 参观并研究本地具有历史意义的建筑物。这种实地考察不仅令学生深切地了解当地的时代变迁，而且不断变换的场所也有利于构建记住新知的广阔背景。漫步穿行于各处楼宇之间会促进小脑的机能。

- 利用再生材料创作拼贴画。这种动手的活动既可让学生表达对现实问题的看法，也可展现其艺术才能。

- 编撰提倡营养膳食的广告。当学生分析并确定哪些信息对消费者最为重要，如何吸引消费者的注意，如何令消费者理解有关信息时，就不能不用到高级思维技能。

- 编写介绍关于本人的生活、学校或社区的手册。要亮明作者的身份与写作的缘由，先择定某一读者群体（同龄人、家长、教师等）来写，然后请学生讨论如何修改他们的手册以适合不同的读者群体。

- 以电视中的脱口秀或百科知识问答的形式上课。学生自己出题并计分，轮流扮演主持人和参与者，教师同样可以转换两种身份。

- 供体育教师参考：在评定每个学生的体力、耐力、韧度后，要求学生设计并实施适合自身条件的健身计划。青少年应该懂得如何设定目标，如何开展超越自身而不是与他人竞争的活动（以便加强团结互助的精神），并从强身健体的活动中受益。

- 研究当地的某一需求，设想满足需求的办法，并将此提交给学区教育委员会。为此，学生不仅必须进行抽象思维，而且还有机会将所学知识用于社会。学以致用不仅能激发学生的学习动机，也能切实地增强学生的自信心。

反馈：滋养学习的食粮

　　大脑的运转基于某种制衡机制，以先前的认知活动作为选择后续认知活动的基础（Banger-Drowns，Kulik，Kulik，& Morgan，1991）。因此需要反馈来澄清和矫正我们接受的信息，使大脑不断调适和评价原有的认知结构。当要明断学生行为的是非并需要进行矫正行为时，最好的办法是反馈。积极反馈——包括如何改进行为的建议——有助于我们应对压力。一旦我们面临压力，肾上腺系统便异乎寻常地紧张起来，而我们听到诸如"做得对""干得好""好样的"等话语就会如释重负。

揭 秘

现在该是教师重新全盘考虑如何给予学生反馈的时候了。学生对反馈冷淡时，是因为他们对自己的学习表现是否急需关照心中无数；学生渴求反馈时，是因为这样有助于自己的学习。学习就是大脑对刺激的反应，意味着脑部生长出新的神经元，构建了新的突触连接。刺激、反应、刺激、反应——对环境刺激做出反应是基本的生命机能之一。从外部看，我们出外遇雨的反应就是赶紧寻找避雨的地方，手碰到炽热的火炉的反应就是急忙将手拿开。从内部看，我们对饥饿的反应就是进食，对细菌的反应就是激活免疫系统。或者说，反应就是根据我们掌握的知识，不断重构我们的大脑。

反馈是刺激的一种形式。当大脑得不到反馈的刺激，就无需对已学的信息作出反应。反馈对青少年来说尤其重要，因为大脑此时正经历种种变化。青少年若无关于他们学习表现的信息，他们的大脑也就不知道哪些神经元该生长，哪些神经元该剪除。积极反馈其实是将血清素释放进大脑，从而强化心旷神怡的感觉。反馈，不管是在课堂里还是在生活中，都是帮助你将青少年之脑转换成高效学习系统的一种最重要的方法。

青少年时期是大脑忙于强化和修剪突触连接的时期，该期间的反馈就显得特别重要。一般说来，学生难以透彻理解初次接触的事物，因为大脑是通过不断的试误来学习的。当大脑接受新信息时，有些神经元会被激活应变，有些神经元则无动于衷。反馈的重要性并不亚于送到大脑中的新信息，因为要靠反馈才能形成完整的学习周期。反馈帮助青少年之脑确定要开启或关闭哪些神经元，协助大脑做出相应的调整，纠正虚假的信息。大脑经过不断地试探直到学到正确的反应（或许此后大脑要做的是减少而不是增加神经元活动）。

反馈要取得实效必须及时而具体。不妨举个例子，李对自己的英语教师极为反感，牢骚满腹，说："整个学期我们只在开学初做了一次作业，可直到期末才发下来。我的作业本上只有一个大大的'B'——没有任何评语。这种做法蠢到家了。她对我们的作业只给个分数而不说明理由，我们就得不到改进学业的机会。"当然，这种情况糟糕透顶，不过某些课堂上屡屡提及的话题是不能及时返还作业。交上去的作业拖到几周后才还给学生，就像只给个评分而不加评语的作业一样，会失去刺激的效用（Marzano et al.，2001）。

多种学业评价方法配合使用可避免评分或返还作业不当带来的失误，要让学生熟识各有千秋的正式和非正式的评价手段。向学生分发棕色纸条，由学生写出哪些是混淆视听的"泥水"问题（即费解的教学内容），要迅速地发到全班每个学生的手上，每人至少就当天所学的内容提出一个问题。用学生个人作品集锦来反映学生课内和课外的成就，其作品包括照片或视频，因为有些成就不靠照片或视频就不能如实地记录下来。在学习的各个环节，都允许学生全程参与对自己进行评价或评定的活动。

教学策略

趣味反馈

操作评价与教师自编的多项选择题测验或标准化测验截然不同，因为这是依据学生参与现实活动（或至少贴近现实的活动）的表现来评价学生。操作评价强调学生的"做"（主动参与），通常费时较长，需要延续一周，甚至一个月。师生共同考察做的过程与结果，辨明其中的优劣短长，这样的反馈有助于学生增强脑中的突触连接。形成趣味反馈，可资利用的工具数不胜数：

• 广告	• 社论	• 请愿书
• 读者来信专栏	• 百科全书词条	• 广播节目
• 自传	• 结束语	• 推销行话
• 睡前故事	• 科学实验	• 剪贴簿
• 彩图书套	• 童话故事	• 雕塑
• 竞选讲演	• 电影	• 旧事新编

- 数据表格
- 日记
- 戏剧表演
- 仿拟作品

- 贺卡
- 营养均衡图
- 画作
- 电视广告

- 模拟活动
- 迷信习俗
- 颂词

值得试一试的做法

- 上新课之前，让学生填写简略的问卷或进行讨论以考察他们各自的背景知识。这种形成性评价有助于教师确定从何处开始上课，以及何人需要在上课时得到更多的关照。

- 教师从日常授课内容中择取一个重要的术语或概念，让学生列举与此关联的各种概念。例如，上政治课的学生可能就"主权"一词写出"土著美洲人"、"居留地"、"自治"、"权益"等词，然后让同学两两比较各自列举的词表，注意两张词表上有哪些共同的词，讨论为何有些词此表有彼表无。

- 上课前或播放视频之间向学生发放留有空白的或残缺的"内容梗概"，一旦有关的信息出现，学生就将此填进空格。这样可使学生集中注意力，有助于他们辨明重要的概念。

- 让学生依据教师划分的范畴创建一个记忆网络图。例如，教师可让学生按以下范畴比较封建主义与重商主义：财富的来源、财富的创造、财富的分配、人口中心。学生将即刻明白他们记住的重要信息有哪些，还有哪些信息需要继续学习。

- 教师上课时布置"一分钟书面作业"，让学生概述当天上课的内容，一分钟书面作业占用的授课时间微乎其微，但使教师一瞥之下就能弄清学生是掌握了学习内容的要点，还是只注意到次要的旁证。

- 让学生就他们所学的某个概念设想出各种赞成与反对的理由，列举正反两方面的理由要求学生超越只记住事实的局限而去分析有关信息，增强他们的决策能力。

- 让学生绘制概念图，即显示概念与事实之间联系的图，从中可深入了解学生的思考过程。

- 在教室中专门划出放置学生个人作品集锦袋的地方，附有评注的集锦袋包括从课程作业中挑选出来的作品以及入选理由说明（通常联系课堂教学的目标与内容来评价作品的意义）。

- 让学生编写试题及其答案。要拿出一个恰当的试题，学生必须理解有关资料及其要点。同时，学生的出题质量有助于教师评估他们学习上的欠缺之处。在模拟考试中采用学生出的试题，能使学生成为评价过程的主体之一，而不是"无辜受害的旁观者"。

上述许多做法与想法引自 Thoma A. Anglo and K. Patricia Cross 著:《大学教师手册：课堂教学评定技巧》(1998 : Jossey-Bass)。

规范 ≠ 压制

大脑是通过原先确定的事物辨别模式来存储新信息的。当大脑接收未知事物时，就搜寻已确立的各种神经网络结构，从中找到可作为理解未知事物的基础。任何已知的事物——感官信息（如已记住的气味）、某种模式、某种关系等——都可与脑中既存的信息挂钩。如果大脑搜寻不到理解新信息的任何基础时，就会将新信息置之脑外。大脑本能地力求辨识认知事物的各种模式，而许多学习技能与教学策略恰好与大脑的这种固有特性合拍。那些在学习上心灰意冷的中学生谈起家庭作业来总说:"我不知道从哪儿着手"、"这玩意儿太烦人了"、"怎么做题，刚想起来就忘了"，就是因为他们的大脑难以构建或调用事物辨别模式。

揭　秘

　　与普遍的看法恰恰相反，青少年在生活中并不是无事找事地执意要与大人顶嘴。他们为不吃早餐或借用汽车等事与大人争论不休，并不是因为他们偏好打口水仗。有些教师或家长担心点燃冲突的引信，对忧愤难平的青少年干脆避而远之，这种一躲了事的做法大错而特错，其实该做的是找到指导青少年的办法。

　　听起来难以置信吧？那就先做好心理准备再看下文：青少年其实渴求大人对重要人生问题（如教育、职业规划等）的指导（Schneider & Younger，1996），大人的热心支持对青少年的健康发展必不可少。不要一看到孩子对自己的忠告不以为然，就稀里糊涂地打退堂鼓。孩子所谓的"逆反行为"往往是在表达要争取个人自主的愿望，他们想要自己挑选衣服、朋友、爱好等，以张扬与众不同的个性。追求自主正常且正当，是迈向承担成人责任的第一步。一旦关于家庭作业的争论平息后，对大人的如何挑选大学，如何应对求职面试等建议，青少年倒是非常乐意洗耳恭听的。

　　向青少年提供组织和规范其生活的各种模式有助于他们形成或接通脑中的事物辨别模式。每个学生需要有个规划簿来记录和安排完成学习任务的行程：凡事预则立，不预则废。督促十一二岁的孩子随时将最新的资料记入规划簿，随着年龄的增长，也就习惯成自然了；教会他们精打细算地安排学习时间，如决定学什么，学多长时间等；培养孩子不屈不挠的心理耐力，如先解决学习中最难的或最烦的问题；营造某种恒常的学习环境，如总在同一个地方做功课——但若发现孩子上网，马上叫他们下网。

　　教师或家长帮助青少年建立生活秩序，责无旁贷。因为我们希望青少年取得优异的学习成绩，积极参加课外活动，动手干家务杂活，或许是否保住自己的工作也得看青少年的表现。中学生从来没有像现在这样忙得不可开交，各种活动纷至沓来，连吃顿快餐、换件衣服的时间都得见缝插针。总的说来，青少年能尽心尽责做好分内之事，不负众望，但如果大人能传给他们相应的学习技能，全力支持他们精益求精，青少年的表现则会更上一层楼。

在课堂教学中，教师要循循善诱，钩玄提要。教给学生各种记笔记的方法，并让他们择一而练，练至在听课时能达到自动化的程度。提醒学生在一天内就要复习笔记，以提高他们保持记忆的能力（从长远看，反而能够节省学习时间）。大脑记住形象比记住字词容易，因此，各种图表是构建大脑中事物辨识模式的有效工具。

我个人偏爱的记笔记方法是"双栏法"（参见图 3.4），因为此法不但便于学生用各种方式解读所学内容，也易于修改以适合学生的不同需要和目的。

图 3.4 记笔记的双栏法

乖孩子学得好

尽管我们认为，任何学习内容都应该意义明确，易于理解，不过，在现实生活中人们仍有必要记住那些枯燥晦涩但很重要的信息。就这点来说，在校学习各门功课的孩子可得益于记忆术（利用词语和图像记住信息的技巧）。比如，借助记忆术可轻松地记住九大行星的名称或每个月份的天数。对那些苦于死记硬背的孩子来说，合辙押韵的歌谣和首字母缩略词是两种常用的化苦为乐的记忆策略。

教师可以提供某种记忆术，不过，由学生自我创建记忆术，其作用更为显著。儿童倾向构建听觉记忆术，如"前后相连两元音，前面一个才发音"。青少年随着心智能力的增长可以巧妙地构建视觉或听觉记忆术。示例如下（Wang & Thomas，1995）：

- PMAT：prophase，metaphase，anaphase，telophase – the four stages of Celluar mitosis.

（前期、中期、后期、末期——细胞有丝分裂的四阶段）

- I Am A Person：Indian，Arctic，Atlantic，Pacific – the four oceans of the world.

（印度洋、北冰洋、大西洋、太平洋——世界的四大洋）

- Sober Phyicists Don't Find Giraffes In Kitchens：the orbital names for electrons are S，P，D，F，G，I，K.

（用于电子波动的轨域名称为 S，P，D，F，G，I，K.）。[①]

- 将每件学校用品与你卧室里特定的地点联系起来，设想书包挂在书桌旁，参加乐队活动的乐谱放在床上，上体育课的运动服塞进了抽屉。当早上上学时，从心里"漫游"卧室，这样你还会落下上学该带的物品吗？想到壁柜时就提醒你要带运动服了，尽管你之前早将此事忘得一干二净。

- 要记住安纳波利斯（Annapolis）是马里兰州（Maryland）的首府，可设想有两个苹果（two apples），记住圣保罗（St.Paul）是明尼苏达州（Minnesota）的首府，可设想有位圣人（saint）在喝苏打水(soda)。

- 要记住 12 种脑神经（当然是为了开展与脑契合的教学），只要想到这首歌谣就行："On Old Olympus Towering Tops，A Finn And German Viewed

① 此句专业性较强，特转引网上《维基百科》的有关说明供参考：1932 年美国化学家罗伯特·马利肯提出以轨域（orbital）取代轨道（orbit）一词。原子轨域是单一原子的波函数，使用时必须代入 n（主量子数）、l（角量子数）、m（磁量子数）三个量子化参数，分别决定电子的能量、角动量和方位，三者统称为量子数。每个轨域都有一组不同的量子数，且最多可容纳两个电子。S 轨域、p 轨域、d 轨域、f 轨域则分别代表角量子数 l =0，1，2，3 的轨域，表现出相应的轨域形状及电子排布。它的名称源于对其原子光谱特征谱线外观的描述，分为锐系光谱（sharp）、主系光谱（principal）、漫系光谱（diffuse）、基系光谱（fundamental），其余则依字母顺序命名（跳过 j）——译者注。

Some Hops"：12 种脑神经为嗅神经（olfactory）、视神经（optic）、动眼神经（oculomotor）、滑车神经（trochlear）、三叉神经（trigeminal）、外展神经（abducens）、面神经（facial）、听神经（auditory）、舌咽神经（glossopharyngeal）、迷走神经（vagus）、副脊髓神经（spinal accessory）、舌下神经（hypoglossal）。①

时间管理和应考的策略同样应该教给青少年。一旦学生具有记住信息的框架结构并能长年累月地伺机运用，他们就能从容地应对头脑中认知或结构上的乱象。

学习技能亦有助于增强大脑的梳理信息和建立相互联系的能力。学生学习时常常遇到令他们感到无计可施的困境，诸如太短的时间内要学太多的东西，抓不住学习的头绪，来不及消化有关信息等，此时学习的成败就系于学习策略。下面的学习策略有助于学生承担起学习的重任。

有效的学习策略

- 记听课笔记。不管你是偏爱 KWL 法（即按"我知道了什么，我想知道什么，我学到了什么/What I KNOW，What I WANT to Know，and What I LEARNED"这三点择要记笔记）还是喜欢双栏法，选择一个加以练习，直到成为第二天性（习惯）为止。
- 开发已有的知识，温故而知新。
- 梳理笔记本、卡片，或计算机中的资料。
- 精心安排学习时间。每天在卧室或校图书馆伏案学习一两个小时，

---

① 六个例子中除第四个外均是构想出简单易懂的句子或词语，句中的每个单词首字母大写，由大写的字母指涉某项知识点，从而便于记忆。由于中英文的差异，前三例译成汉语体现不出其有助于记忆的功能，故照录原文，后附汉译，后两个例子的汉译为凸显这种呼应，有关的原文在括号中标出。——译者注

每 50 分钟使大脑休息 10 分钟，始终如一地执行此计划。

- 在每个学习单元结束时就所学的内容做书面小结。
- 边学习边监测学习进展情况，由此反思哪些东西还未理解，在哪些方面还要继续努力。
- 用笔记本记录完成作业的进度。将容量大的作业分解成各项容量小的任务，完成了某项就将某项划掉。
- 清除让人学习分心的东西，关掉电视，不发短信，用"语音信箱"保留别人给你打手机的信息。
- 保持积极乐观的心态，正如人们常说的"改变了思想，也就改变了人生"。
- 做功课时要趁着头脑清醒先做最难做的部分。

揭 秘

一边想着怎样做作业，一边发短信、上谷歌网、下载歌曲——这样的齐头并进好不好呢？执掌密歇根大学大脑、认知、行为实验室的心理学家 David Meye 告诫道：做作业时任何一次中断都会使大脑费时重新调整，通常花费 30 分钟就可做完的数学或语言作业，如果一心多用的话就可能费时 2 或 3 个小时。

不过，令人惊异的是，同时做的事情差别越大，大脑费力越小。如果我们想一边做作业，一边摩挲爱犬，大脑可继续顺利运转，可如果试图做两件类似的事情，如发短信和写作文，大脑就停摆了。

有效的应考策略

当前，应考的压力对教师怎样教、学生怎样学有巨大的影响，并引起家长的惶恐不安，因此，多给学生提供应考方面的支持是面向 21 世纪的必然要求。

- 备考应该始于开课的第一天（尤其对中学生而言，很重要）——常复习、做作业、多阅读、不缺课都是备考过程不可缺少的重要环节。减轻应考焦虑的最好办法就是做好充分的准备。

- 找到最适合自己的备考学习策略——要弄清自己是单独学习好还是小组学习好？是用抽认卡片好还是勾勒重点好？还是各种方法配合使用好？

- 考前要进食，灵敏运转的大脑要靠食物提供能量。

- 当你拿到试卷时要快速地细读试题，抓住要点。

- 考试时保持自信——感到焦虑时，要深呼吸或用其他减压策略。

- 先做最简单的试题（这与学习策略截然相反，学习时要先解决最难的问题）。

- 确保要完成分值最高的试题，如果为此要放弃某些试题，那就因大失小吧。

- 自己编制模拟试卷。这势必要运用高级思维技能，也是复习功课的良策之一。

一节别开生面的教学实习课

"早上好"，学生们慢悠悠地走进教室，一位女实习教师一个不落地打着招呼，时而问问他们昨晚的舞蹈彩排怎么样，时而称赞他们在比赛中赢得了打破僵局的一分。学生纷纷落座，教室里到处响起叽叽喳喳的交谈声。此时实习教师让学生挨个传递一只空盒子，要他们往里放些无需稀罕的小物件，如铅笔、纸张、电影票根等。在传递盒子时，实习教师要学生想一想如何以身边或自家的事情为例来展现讲故事的技巧。当盒子回到实习教师手中的时候，她讲了自己的曾祖母如何参加妇女争取选举权运动的故事，不时地借助从盒子中取出的小物件来揭示故事构成的要素与主题——全班聚精会神，听得津津有味。随后，实习教师将全班同学分为四组，将盒子里的物件分为四份，每组各取一份开展合作学习，要学生讲自己的故事，听他人的故事。当实习教师示意他们收拾东西时，他们全都吃了一惊，原来不知不觉中就到了下课的时间。

第二编
大脑研究与学校教学

第四章
识字之脑 ①

帕梅拉·内维尔斯

　　利用神经成像技术所做的科学研究层出不穷，其成果对课堂教学实践有何启示也众说纷纭，教师很容易就被这些五花八门的说法弄得晕头转向而不知何去何从。使教师在教学实践中眼明心亮而非眼花缭乱地了解神经学研究成果的用途，就是本章及其后各章的根本目的。

　　只要明白阅读解码通道的构建过程，马上就会认可直接教学法的价值。当今的教育制度安排往往从便于儿童学习阅读来加以调整，但很少根据如何教会儿童利用阅读来学习这方面加以考虑。本章的重点就是探讨这样的教学策略：帮助已知如何阅读的学生达到阅读理解的途径。着重阐述三个方面：首先，解说来自认知科学和最佳教学实践的教学策略，诸如阅读—写作—拼音互联法、用于扩大词汇量的词形辨别法、字词分解分析法等；其次，揭示大脑作为有意识的过滤系统，保护学生免遭信息超载之害的运作方式；最后，要求教师考虑形象化策略。在课堂讨论中学生相互交谈阅读时心中涌现的画面，就可极大地提高他们记录、记忆有关信息的概率，课堂中多用实例有助于抽象思维切合实际。高级阅读策略在培养学生成为轻松自如的善读者方面发挥着最积极的建设性作用。

---

① 选自帕梅拉·内维尔斯著：Building the Brain for Reading，科文书社，2011 年。

学习与善读者

如果孩子在小学低年级还未学会阅读，那么在高年级即使多加激励和支持要想顺利地完成学业也面临着诸多困难。孩子在小学时已能不假思索地解读文字，才可能在小学以后成为善读者。因为要达到善读者的境地，需要通过对口语通道的多次调整。在儿童大脑中形成一条文字解码通道，是小学阅读教学的主要工作。如果学生还没具备自动化般应付裕如的阅读技能就进了小学高年级或中学，那就必须采取补救措施来弥补这种缺陷。

大脑中的言语通道如何成为阅读通道

在整个小学期间，学生要多做关于音素（字词中最小的语音单位）的练习，学习各种读音规则，由此可从脑中的口语通道衍生出几条固定的岔路。对大多数学生来说，只要学习课堂中实施的阅读课程，这种修订版的口语通道就成为了阅读解码通道 (Nevills & Wolfe，2009)，有些学生则需要多加练习和复习才能将脑中已建立的言语通道转变为阅读"高速公路"，对少数学生还需要采取高强度高密度的干预措施，迫使他们的大脑建立自动化阅读的通道。那么，说话和听话的通道与读字和识字的通道之间到底有何区别呢？

阅读始于大脑中的视觉中心

为了与人交谈，神经元先激活从耳朵再到颞叶、顶叶和额叶的口语通道，并由视觉联想区将口头话题转换成各种形象。不过，阅读始于视觉中心，因为在那儿接受、记录，并传递以供辨识的形象。这种激活过程同样发生在颞叶、顶叶和额叶之间，但最初的输入信息来自眼睛而非耳朵。阅读者必须能将书面符号和语音联系起来，并能综合形成单词的语音。一旦阅读者认定这些语音就代表所看到的单词，他就想弄清这些单词有何意义，文本中单词所具有的意义要依据其上下文来确定。

角回——将字母与语音匹配

构建默读通道要靠前面并未详细描述的角回（angular gyrus）（参见图4.1），脑中的这个结构体位于大脑皮层后部枕叶、顶叶、颞叶之间的交点，这个位置使角回成为连接视觉字词识别系统和其他语言处理系统之间最佳的桥梁（Nevills & Wolfe，2009）。此外，角回还紧挨着作为口语通道一部分的赫希尔回（Heschl's gyrus）。当角回解读字母时，字母就转换为语音，即我们可从口语中辨别的各种音素。要认识到这个过程一开始听到的是语音，而且不知这些语音与字母之间的联系。在学前班和小学低年级，儿童参与各种有助于他们操作语音的活动，他们唱歌、听童谣、玩文字游戏等。比如"如果我说 bake，要你把 b 音改成 m 音，你听到的是什么词？"又如："想一想你学的生词中有多少词的结尾像 dog？"还有："你在 swim 之间听到的是什么音，你还知道有哪些词的中间有同样的音？"学前班的孩子经常参与口语练习、游戏，并随心所欲地摆弄字词，此后也大都可以接受帮助他们构建阅读通道的教学：即通过角回形成一条新的回路。此后，只要激活角回，识别真实的字词、将字母与语音匹配就成为可以完成的任务。

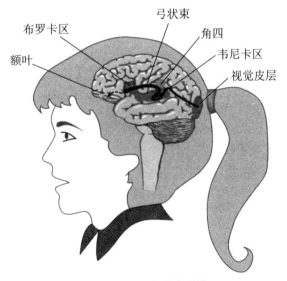

图 4.1 脑中的默读通道

如何辨析语音？

　　要成为善读者，必须能听辨和摆弄称作"音位"的语音。有趣的是，学生可以在不必知道音位与字母之间关系的情况下就学到音位。例如，你知道你的大脑有两个半球，你可以想想"半球（hemisphere）"这词如何发音，不用去想这词如何用字母表示。当你说出"半球"时，数一数你听到的每一个不同的语音。然后，你将这些语音仔细地分解为最小的语音单位：音位，你最可能听到并识别的是八个不同的语音（h-e-m-i-s-f-e-r）。再拿单词"brain"玩换音游戏，把 B 去掉换成 TR，那么就成了 train，再用 PS 换掉此词的尾音，就成了 traipse，（此词意为"邋遢女人"或"游荡"）。将 traipse 的长元音 A 换成短元音 A，并去掉尾音 S，就成了 trap。如果不用看见书写的字母在脑中就能操纵这些语音，就会促使大脑构建一条通向阅读的思维通道。在脑中东挪西搬地摆弄语音对学生来说既是一种有趣的艰巨任务，也是使学生能看懂所读到的字词的必由之路。

用拼读和书写作为阅读的先导

　　字词拼得正确一般就写得正确，两者之间的因果联系是显而易见的，但拼读教学与阅读成就之间的因果联系历来就没有如此清晰明确的定论。不少研究者 (Malatesha Joshi，Rebecca Treiman，Suzanne Carreker，& Louisa Moats，2009) 考察了明确地传授拼读规则及细微差别的做法，为其重要性做出令人信服的结论。他们确认，帮助儿童意识到语音和构词字母的对应联系与阅读理解直接相关，达到阅读理解的语言水平是通过正确的拼读来实现的。儿童可以果断地将想到的语音写成字母，由此可以在其写作中恰当地使用字词，在阅读中识别字词的意义。这些研究者建议，任何阅读课程都应和一种综合拼读教学法相互配合（Joshi et al，2009）。

考察拼读教学能使我们进一步理解学生如何用脑将拼读教学、写作、阅读联系起来的加工过程。对许多人来说，拼读教学的意义就在于识记字词，因此要重复地书写字词，直到可从机械的**无声记忆**（nondeclarative memory）中提取出字词。有人认为，教拼读的最好办法就是通过练习和重复来强化视觉记忆技能，而当今许多拼读不好的人就是以此为前提的拼读教学法的受害者。

综合拼读法可从英语学习中预测其效果。在英语中只有少数词不能按语音—符号的对应关系来教，需要了解其词源（如来自盎格鲁撒克逊语、希腊语、拉丁语），辨别字词中并不遵从一般拼读规则的那些语音。只有这些少量的词（约占英语词汇的 4%）才需要通过大脑的视觉记忆系统来教，即经过不断重复的学习活动使不符合拼读常规的词汇存入操作记忆当中，并一经回想就可再现，英语中的其他大多数词则可循序按常规拼读法来教，并与阅读教学中选作解码的单词配套。

有人拟定了一个教育顺序，即从学前班开始就按部就班地将字词解码与字词拼读结合起来（参见表 4.1）。在学前班，学生学习只代表一个音位发音的字母及其相应字母的念法，并识记某些视读词汇；到一年级，学习辅音与元音的规则发音及其相应的字母念法，同时为练习发音学习常用的句型，以便阅读可以完全解码的短文，并知晓一些非规则发音的词；到二年级，学习更为复杂的字母组合模式和单词结尾的共同模式；到三年级，学习多音节词、轻读元音、常用的前缀与后缀；到四年级，开始学习源自拉丁文的前缀、后缀与词根；从五年级到七年级，了解基于希腊文组成的英语词汇（Joshi et al.，2009）。一旦儿童的大脑强化了口语通道，由此建立的反映书面语言的拼读系统是构建**阅读系统**（reading system）的关键环节，因为阅读系统是与这样的拼读系统同时发展和巩固的。

表4.1　用于实施字词解码与字词拼读相结合课程的教育顺序

学前班: 单个字母的音位发音及相应字母的念法,以及某些视读词汇。

一年级: 辅音和元音发音及其相应的字母,更多可解码的单词,某些非规则发音的单词,扩充的视读词汇。

二年级: 辨别更复杂的字母组合模式以及单词结尾的共同模式,并将其运用于拼读和写作。

三年级: 在阅读与拼读教学中出现的多音节词、轻读元音、常用的前缀与后缀。

四年级: 源自拉丁文的前缀、后缀、词根,增加用于读、写、听、说的词汇。

五年间至七年级: 在各年级的课文和选读文本中出现的源自希腊文的单词和其他单词。

(Joshi,Treiman,Carreke,& Moats,2009)

拼读与书写为何重要?

字词颇为神妙,竟然可说可听可读可写。在人脑中,为了传送字词有纵横交错的、连接不同感知与思维系统的通道。这情景很像大都市中的四通八达的立交桥,各处开来的汽车(代指神经元)经此再驶往司机确定要去的各处,大脑中的字词也是这样传送的。读始于看见构词字母的眼睛;说始于源自记忆系统中所存的一种想法或形象,并通过运动皮层发出可理解的语音;写的开头类似说,但整个过程需经过运动控制系统一直指挥运用书写工具的手;听则始于耳朵并将听到的信息录入记忆系统,你听到了什么,如果你不写出来或说出来旁人无法知晓。只要想一想传送字词的繁忙活动,就可理解为何我们要用到四种不同类型的词汇:即分别用于读、写、听、说的词汇。四类词汇相互关联,对作为学习者的我们来说都必不可少。想想或谈谈哪一类词汇可能易于使用且数量众多,是不是你能读懂的复杂的字词比你在交谈中用到的多?为何你会这么想?

要让学生意识到,阅读和书写时用到的词汇要超过说话时用到的词汇,主要是因为在阅读和书写过程中大脑采用的是"自动导航模式",这就能用到存入长时记忆中的大量词汇,而在说话时能使用的词汇不仅是已知的,而且必须是能马上发音的,边说话还要边忖度听者的反馈,这就限制了大脑寻找更复杂字词的能力。

大脑中的默读（解码）通道

与拼写教学协调一致的阅读教学（包括使人明了如何根据发音、字母、拼法来辨识字词），会在强化并重构口语通道的基础上形成一条默读通道（参见图4.2）。如果你试图确认何时自己已成为一名善读者，恐怕最难办的是，你压根不能确定是在哪一天，甚至是哪一年可作为庆贺一番的"阅读独立日"或"阅读独立年"。说不定你在上小学时的某一天，就突然觉察到，自己随意拿起一本书，不用别人帮助就可以顺顺当当地读下去了。大脑的发展就是那么神奇，使人一下子就达到了会读的水平。从神经系统学的知识可知，当特定系统中的轴突出现髓磷脂（myelination）时，该系统就能够提高工作效率。随着阅读系统的轴突上的胶质细胞发展起来，该系统也逐渐成熟，一旦轴突上裹上髓磷脂时，

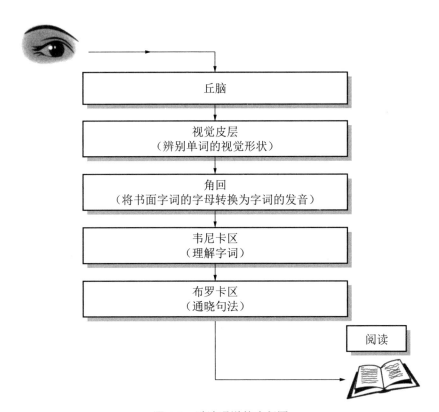

图 4.2　默读通道的流程图

构建阅读通道的任务就算大功告成。当阅读解码通道的轴突布满胶质细胞时，阅读就成为自动进行的事情。花时间练习朗读与默读，通过拼音和拼读课程来熟悉拼读规则，将拼音规则和破例发音用于读单词和短语，通过视觉记忆复习视读词汇，如此种种必然带来丰厚的回报，导致善读的结果。只要阅读系统能充分发挥功能，小学生就不必专门学习阅读了，因为该系统已经准备就绪（虽然还需要进一步完善和调适）。

提高性阅读

小学各年级教师力求获悉阅读教学的"科学"。近 10 年或 15 年间，教材出版商和教师孜孜不倦地考察阅读研究成果，钻研各种阅读教学的新方案和新方法，持续不断地以时新的阅读程序充实自己的教学工具箱。现在，神经学研究能够快速地验证系统阅读教学的实效，其方法是对阅读不好的学生采取临床阅读补救措施，再通过脑扫描观测其脑中阅读区的变化。现有证据表明，学生脑中字词辨识区的髓磷脂增加，就意味着该区在执行字词辨识任务的期间不断地受到刺激并日渐成熟（Keller & Just，2009）。学生要成为精确而快速的字词解码者，需要各种不可缺少的技能，直接的、系统的和严谨的阅读教学则让学生在潜移默化中掌握这些技能。学生常看的视读词汇可存入记忆当中，同时在阅读时若试图回答*何人、何事、何时、何处、何因*这些问题就能形成达到初级理解的各种技能。大多数（即使不是所有）学校都已知晓阅读教学和技能获得之间的联系，并据此作出恰如其分的教学安排。总的说来，现在我们已经知道学生如何学习阅读，一旦学生阅读不佳，我们也知道采取何种措施来帮助学生克服阅读障碍。

在 20 世纪 90 年代初可能还不敢写出上述充满自信的话，不过自那以后，美国一心要成为全民善读之国，阅读教师不再满足于只教学生念词解词，对小学高年级和中学的学生有必要采用更先进的教学方法。要使学生在初级阅读技能的基础上进一步发展，教师认识到学生那好奇求新的大脑和日渐增长的学习能力必然要求更为严谨的教学。对大龄学生来说，阅读变得越来越复杂了。

超越初级阅读水平

在小学低年级教儿童阅读是阅读与语言课中最为精心安排的过程，从而也是教起来最为得心应手的过程，是一种虽然颇多琐事但相当规范的过程。到了小学高年级和中学，学生要学习和理解各科知识就对大脑提出了更具挑战性的阅读任务，而要完成这项任务涉及多方面的技能，可有关研究和教学计划人员对此认识不足。此时，学生必须构建宏大的词际网络来掌握复杂的词汇，必须深刻理解长句中各词的词义，必须增强神经元与大脑各区的连接，以便回答涉及分析与综合的问题。怎么教才能达到如此之高的阅读水平呢？

在小学高年级要培养学生具备自动性、流畅性、理解性的阅读能力。精熟阅读所必需的一系列高级思维能力如下：

- 扩充高级词汇数量
- 加快思维加工过程
- 深刻理解短语和复合句
- 熟悉构词常规和词际网络
- 评价和分析刊行的作品
- 形成有条不紊的思路，能够按部就班地解决问题
- 构思写作和说话的腹稿
- 查阅各种资料拟写研究报告
- 阐明经阅读引发的想法和观念
- 利用信息通讯技术

要掌握上述阅读能力，阅读课程必须充分利用可促使大脑产生相应脑力的

技术。值得庆幸的是，当前，神经学家和教育学家开始将此看做一个可以相互合作并大有前途的研究领域。

开发脑中的词形区域

要培养学生具备高级阅读技能，我们不妨再次考察他们的大脑在阅读时潜意识地处理信息的过程。Sally Shaywitz 指出，大脑要用词形系统来分析字词的外形、拼法、发音和意义。大脑中的词形系统是处在枕叶和颞叶交界处的神经节（ganglion），神经节是由相互关联的神经元簇集一处而形成的。看到一个词就能激活关于该词的一连串的神经元活动，调用与该词有联系的所有存储信息。在默读过程中，熟练的阅读者能够流畅地读完全文，因为在这个过程会连续不断地激发和强化词形区的电化反应，从而快速地逐一地识词辨义。看一个人是不是出色的阅读者，不仅要看其念词的能力，更要看其能否无意识地在脑中枕叶和颞叶之间的词形区引发犹如狂风暴雨般的活动。

教师在教学与反思性交谈中主要是帮助学生强化其词形区，不过在小学四年级至八年级仍要学习和理解词汇。身兼教学和研究两职的 Janet Allen（2009）在伊利诺斯州阅读学会年会上宣读了自己的研究报告，该报告提出了下列构建词际网络相互连接的做法（教师一般把"词际网络"理解为"背景信息"/background information）。首先，教师从阅读材料中选出关键词、专有名词和意义明确的短语，每个词或短语可看作一个词项，选出 15 或 20 个词项较为适宜；然后要求学生（两人一组）用选出的每个词或每个词组写出一个句子，而且每个句子最多只能用到选出的两个词项；再次，当全班都写完句子后，将所有的句子抄录下来供全班学生看，学生写的什么句子就抄录什么句子，即使用错了词汇也不更改。但请注意，学生不去模仿或练习主谓搭配不当的错句，只是将它们抄下来。在教育性或认知性练习中，不提倡让学生关注那些还需置换性学习将其矫正的错误思维。

每天学生完成阅读任务后，要回过头来看抄下来的句子，根据所阅读的内容判断其正误。当学生读完阅读材料的三分之一或某书的三章后，全班学生一起审视抄下来的句子，并通过调整用词或修改句子来反映自己阅读时学到的东西。

这种频繁互动的词汇体验方式促使学生加强同学之间的相互影响，丰富背景信息，巩固便于以后回忆的词际网络。Allen 认为，这种教学策略可用于任何知识性学科。譬如，在生物课中，供研习的字词，既可由任课教师自选，也可选自课本作者列出的词表，或是课本中的粗体字。

阅读为何复杂?

使学生知道字词的发音和字面意义是小学低年级的任务，以后随着年级的提升，学生面临的学校功课愈益复杂，要读的东西愈益增多。有时大学生竟要在两课相隔的短期内读上百页的有关材料，如他们上完周一的课后就要为上周三的课做准备。为了满足以后升学或就业的要求（如读懂专业期刊或操作手册），如何培养中学生成为不厌其烦的阅读者呢？若要熟练地阅读卷帙浩繁的书面材料，你需要能以表示意义的"词群"为单位来阅读许多不同种类的文献。这样，你在增加阅读的词汇量时也就将词形丛刻入大脑之中。不久，你就可根据你所读的内容辨识其中的字词及其不同的词义。

你或许知道，前面举例用的单词"半球"，本来是指我们的地球而不是你的大脑，地球被一条称为"赤道"的虚构分界线划分为北半球和南半球。你阅读时不断激活你脑中各区的神经元，额叶用来辨析语音，顶叶用来体味因字词引发的情感，枕叶用来勾勒字词带来的视觉画面。所有这些反应活动所费时间不超过毫微秒，额叶再综合所有的反应来帮助你理解你所读的内容。当你的脑中布满了纵横交错、四通八达的通道，你就能辨析词义，记住所读过的内容。

三言两语难以讲清大脑在阅读时如何发挥多种功能，不过当你成为一位熟练的、流畅的阅读者时，你的大脑是在同时地、自动地、潜意识地做上述的所有事情。

分解式和定位式单词分析

带有精细激活模式的流畅阅读远胜过依赖默读或朗读解码通道的初级阅读，出色的阅读者只是在遇到某个生词并需要对其分析时才激活阅读解码通道。Juel 和 Deffe（2004）的研究表明了出色的阅读者所用的辨识字词的有效方法。研究中所论证的方法与当今许多课堂的阅读教学实践恰恰相反，否认了通过上下文线索（contextual clues）辨识字词的有效性。因为该教学策略仅靠阅读者的背景知识和经验，当再次遇到某单词时难以提高对其识别的概率。有趣的是，这两位专家的研究则证实了大脑在阅读时确实发挥着我们已知的功能。

首先，要指引学生通过调动各种感官来识别某个单词的独特性并以此分析该词。阅读者要弄清该词的外形、发音，体验该词带来的感觉，将所见所闻所感与自己独特的兴趣挂钩，经此过程该词就在操作记忆中形成了联想回环。学生对某词进行了如此精细的分析，一旦该词再次出现在口头语或书面语中就可提高记起该词的概率。另外，这样的过程还增加了该词与类似的词存入长时记忆的可能性。

其次，该研究支持的另一方法是找到作为字词分析的**定位**条件。这个教学策略同样表明大脑在聚焦单词的特性，如词首、词尾、词根、词音时，如何发挥辨识单词的巨大作用。学生仔细查看一个词，并力图找到与该词意义相同或不同的其他词（Juel & Duffes，2006）。例如，在下面的句子里（The distinguished scientist tripped on his way to the platform where he was to receive an award），单词"distinguished"和"disgruntled，disgusted，disturbed，distraught"等词十分相似，若只注意该词的词首和词尾就可能导致和其他词的相互混淆，但若关注中间部分则可将该词和其他词区别出来。要采用将字词的分解式分析和定位式分析相互结合的教学策略，就可请学生想一想与 distinguished 具有同样或类似意义的其他词。例如，确认了"respected，honorable，admired"等词有助于学生将"distinguished"牢牢地嵌入在词形区，一旦再次出现马上可以认出来。高明的阅读者所用的分解式字词分析或支点式字词分析，可以增加字词进入词义记忆系统的机会，并提高回想起来的概率。

避重就轻的大脑——再谈大脑的过滤系统

前面曾谈到，多余的刺激——一声咳嗽、飞过头顶的飞机、空调的嗡嗡声以及无数不以为意的东西——都会事过便忘，就像它们不曾存在一样。大脑处理外来信息的控制中心是丘脑，里面有抑制性神经元，承担着保护大脑的特殊职责。大脑不必毫无遗漏地思考由感官系统输入的每一次刺激，许多刺激其实是在无端地打扰大脑思考外部的重要信息。我们的大脑用来保护自己避免信息超载的机制远非如此简单，因为神经系统学研究确认了还有另外的抑制系统。

过滤不必要的信息

研究者发现，大脑的基底神经节（执行控制运动和其他任务的区域）与前额皮层（负责理性思维、解决问题的部位）在过滤恼人的琐事时特别活跃，认知学专家由此确定了基底神经节的功能。基底神经节是一组皮质下神经核，它们位于运动皮质下部，调整前额皮层的活动（Nolte，2002），并制约和抑制自动化运动（Carter，1998；Sylwester，2005）。Nolte 认为脑中的基底神经节和该区的战略性结构体会发挥更为广泛的多种作用：

虽然该区大多数连接的确切功能还是个谜，但近来的研究成果已足以让我们不仅考虑损伤某些连接带来的不良后果，而且开始推测这些连接的正常功能（Nolte，2002）。

Nolte 所说的"连接"是指串通额叶、顶叶、颞叶中结构体以及大多数其他皮层区域（躯体感觉皮层、运动皮层、丘脑、基底神经节）的多种回路或回环。当神经传递物质激活或抑制神经元之间的连接时，这些回路就可能发挥作用。可以得出这样的结论：基底神经节除了影响运动能力这个已知的作用外，还在加强用于学习的连接或在削弱活动强度中发挥积极的作用。

证实第二过滤系统的研究

2004年，加州大学洛杉矶分校的 Russell 和 Paul Rodriguez 研究了分类学习。他们借用功能性神经成像技术，考察了基底神经元和内侧颞叶之间的互动关系，尤其注重学习时内侧颞叶所发生的激活及其消退的过程，试图揭示学习者的注意力和吸收能力与脑中各种记忆系统之间的联系。他们的研究表明，基于学习任务的难易与学习者行为上的成败，不同的记忆系统为赢得大脑的注意而互相竞争。两名研究者发现，前额叶（prefrontal lobes）与基底神经节共同决定了哪些记忆系统能在竞争中脱颖而出。这些脑中结构体在过滤或干预过程中就形成了负信号，指引海马取消其调节活动，海马已知的重要作用就是维持和操控大脑的操作记忆或短时记忆。

鉴于 Polrack 和 Rodriguez(2004) 的研究并未确证学习时脑中结构体之间复杂的互动性质，俄勒冈大学心理学系的 McCollough 和 Vogel（2008）着重研究学习与学习者反应的关系，分析了 McNab 和 Kingberg 的研究成果并提出自己的见解。McNab 和 Kingberg 考察了视觉记忆与被试注意力之间的关系，他们要求被试有意地选取促使其关注的视觉刺激，如选取带有某种颜色的物体而忽略不带这种颜色的物体。产生这种预成的关注，就需要脑中有一种不同于丘脑无意识地过滤不必要信息的抑制系统。

神经学家利用功能性神经成像技术已经证实脑中确有这么一种抑制系统，表现在前额皮层及基底神经节区内活动的增加。现已确认，神经节中的各结构体与前额皮层以合作互动的方式来加强或抑制大脑的信息处理活动。要完成前述的学习任务，被试就需控制进入操作记忆的信息流量，由此可证明，基底神经节中新增的活动并不限于控制人体的运动，还在影响着学习时所需的有意识决策。这项最近的研究成果使我们重新认识到大脑的学习能力：不仅限制着由外入内的刺激，而且允许学生选学自认为是重要的学习内容。

对课堂教学的启示

　　上述研究给教师带来令人振奋的启示，其实神经科学家的各项研究成果正在向教师揭开学生学习的奥秘：学生所具有的认知禀赋足以让他们选学或吸收教师上课时所传授的知识。若想学得有成效，学生必须自己想学。图 4.3 表明了大脑过滤信息的流程：先在丘脑、随后在基底神经节和前额皮层遏制不必要的信息。基底神经节系统相当于监管系统，允许学生有意识地做出阻隔不必要的噪音或琐事的决定，从而起到保护大脑的作用。而那些择取出来的值得深思的信息则通过连接的神经纤维再次回到丘脑，再从丘脑那儿散布到大脑中探究其意义的各个联想区。操作记忆依赖于不断地接触有关信息的机制和不断地将已知信息与未知信息挂钩的回环。

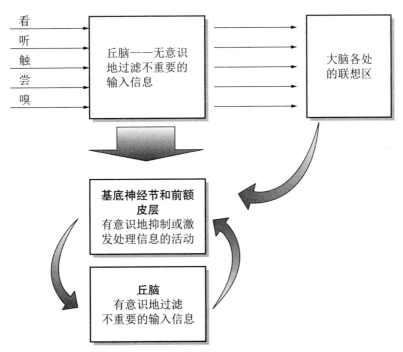

图 4.3　大脑中丘脑与基底神经节组成的过滤信息系统的流程

学生是有意识地选择那些他们认为值得专心学习的内容。学生上课时决定吸收什么学习内容，教师在这一点确实无计可施，但大脑的本性是好奇求新，教师则可据此设法营造出有吸引力的学习环境。一个合理而有效的教学策略就是告知学生大脑处理未知信息的功能，帮助他们每个人判定要巩固学习内容自己所需的练习和复习时间。学生必须知道，如何学习是一种个人选择。学生选学的信息最终进入长时记忆之中，供解码、回忆、提取之用。

学生在学习时怎样做选择?

前面我们曾论述了如何拥有和控制嵌入长时记忆的信息，所采取的步骤可用几个以 R 字母打头的单词来表述：即 recognizing（识别）、reducing（简化）、recording（记录）、remembering（记住）、recalling（提取）。你不妨以自己大脑的运作为例向学习搭档阐明为何进入长时记忆要历经这几个环节。

现在，我们补充一条新信息。你已经认识到，你接受的大部分感官输入信息被记忆系统拒之门外，由此许多信息忘得一干二净，根本想不起来。这是因为你大脑中还有另一个过滤信息的系统，它允许你自我决定是否愿意想到或记起有关信息。你大脑中的这个功能区坐落在前额部位，里面的前额叶和称作"基底神经节"的小型结构体共同起到过滤信息的作用。神经学研究曾证实基底神经节能控制无意识的身体运动，最近的研究成果则显示基底神经节同样允许你自我决定是否有足够的兴趣去复现或记起得之于感官的信息。例如，你正在学习与遗传有关的科学知识，即将一个有机体的独特性传给其后代的各种生理过程。此时，你可以做出自我选择：一是你认为这种知识不仅非常有趣，而且对你来说非常重要，因此马上就全力以赴地投入到学习之中；二是你认为这种知识非常乏味，因此在学习过程中不舍得下功夫，得过且过地混日子。如果你决定要完全彻底地掌握学习内容，就会通过一系列环节来实践或操纵所学的东西，即识别、简化、记录、记住、提取你觉得有意义且有趣的信息。如果你决定马马虎虎地应付要学的知识，那么很可能不仅得不到这门功课的好成绩，而且以后需要这种知识时一丁点都记不起来。

通过字词形象化来理解意义

学生需要理解所读的东西，可要完成这项任务并不轻松。要想达到阅读理解的水平，关键要看是否能激活大脑的枕叶和视觉系统。在这方面，同样要借助神经学研究所揭示的大脑运作过程。令人感兴趣的是这么一个过程，随着幼儿视敏度的增强，视觉系统对幼儿的语言能力发展起到举足轻重的作用。幼儿先是看到实物，然后知道实物的名称，并学会念出这个名称，视觉联想系统促使幼儿学会说话。但当幼儿学习阅读时，视觉系统便面临着挑战，要去接受和解释以字母形式或字母组合形式出现的各种形态。这时向大脑输入的各种符号必须同长时记忆中所储存的各种形象相互匹配，才能理解书面上字母或字词所要传达的意义。阅读过程始于口语通道，而口语通道是以枕叶提供的各种形象发展起来的。阅读通道则与此背向而行，因为善读者需要将读到的字词返还到大脑的视觉联想中心，在此借助阅读时产生的形象来解释意义。当然，阅读过程并不像上述的那么简单，因为有时读到的东西不仅产生形象而且激发情感。但从这简单的描述中即可明白，阅读理解绝不止于通过阅读解码通道来辨识字词，需要更多的大脑中的生理结构及其能力，需要更高超的阅读行为。

早在 1986 年，Nanci Bell 就确认了视觉形象在阅读理解中的作用，并提出了利用视觉形象的阅读教学策略。她的教学思路——即其论著名称所示的《促进语言理解与思维的形象创建和言语表达》（1991）——激起教育界人士的浓厚兴趣，纷纷将此引入教学过程。此书出版之时人们对大脑在阅读时所发挥的功能及其阅读通道知之甚少，现在则都认识到，大脑一开始是利用视觉系统来学习字词，随后又将读到的字词送回该系统，再从该系统出发来理解所读到的字词。Bell 的教学方法有助于儿童读得顺畅，但不可能解决所有的阅读理解问题。例如，Bell 发现创建形象、理解文本、深思所读内容有直接的关系，据此应该鼓励人们在阅读时创建形象，如要求学生就他们所读的内容进行想象和描述，但从每一个孩子描述其想象所选用的词汇看，读同一篇文章的所有学生可以产生类似的形象，但不能产生相同的形象。熟悉神经学知识的人都知道，每个学生之所以创建不同的形象，是因为每个人在其长时记忆中存储着非己莫属的独特形象。每个人读到的词形群要具有意义，靠的是个体思维中创建的形象，下面就是几个激励学生创建形象的教学题目。

回想世界某处某个民族的相貌特征，用语言来描述该民族的特点。

回忆灰熊妈妈及其幼崽的形象，你用何种语言来说明两者之间的内在特点？

回忆你读到的一个历史人物，想一想你如何向你的阅读小组来描述他或她？

在心里勾勒威廉姆的形象，选用一些词来描述威廉姆发现藏钱之处时的心情。

句中的单词"majestic"是什么意思？描述你记得可称作"majestic"的场景。

对这些题目没有对或错的答案，最有可能地是导致学生之间仁智互见的热烈交谈。学生读完一段文章后，请他们根据阅读时创建的视觉形象来推测、推断或预测，此时就需要更深刻的思维能力了。

＊　　＊　　＊

神经学知识有助于教师和家长设身处地地理解大龄学生，青少年随着身心发育的成熟，会逐步认识到自己是有学习能力但不知如何学习的学习者。中学教师可以研究成人的学习偏好，看看这些偏好是否与中学生的学习偏好一致。不过，当今的课堂中或许更多地是吸引幼儿的学习活动。处在青少年期间的学生，经历着身体发育与神经系统上的多种变化。下章将解答关于大脑成熟的各种问题，并提出关于青少年发展的一个新问题：青少年中那些不可接受的行为是大脑发育不良的结果呢？还是环境问题对青少年行为具有同等或更大的影响呢？

第五章
识数之脑 [1]

大卫·苏泽

数学的特质不仅在于纯真，还在于绝美，一种类似雕塑的冷艳之美。

——伯特兰·罗素（Bertrand Russell）

孩子自然而然就会简单地数数，或是自发地，或是模仿同伴，他们开始在数数的基础上来解简单的算术题，解题时可能使用语言也可能不使用语言。他们最早的运算要靠数双手的手指，逐渐地开始学着不用掰手指做加法运算，五岁左右时，能理解加法交换律（即 A+B 等于 B+A）。但是计算的问题越难，出错也越多，成年人也是如此。毋庸置疑的是，人脑拙于运算。因为在人脑进化过程中，根本没有为记住乘法表或解答需多步解答的两位数减法题做好任何准备。我们估算总数的能力或许来自遗传，但要做带符号的运算题可能是一场屡屡犯错的"磨难"。

> 我们估算总数的能力或许来自遗传，但要做带符号的运算题可能是一场屡屡犯错的磨难。

---

[1] 选自大卫·苏泽著：How the Brain Learns Mathematics，科文书社，2008 年。

概念结构的发展

儿童关于数字的概念结构发展相对较早，由此上学之前就能尝试进行计算。他们很快地就掌握了许多加减法的策略，并从中仔细挑选最适合解决某个问题的策略。当他们运用自己的算法时，心里就已确定了计算要花的时间以及运算结果正确的可能性。Siegler（1989）研究了孩子怎么使用这些策略，得出结论是，孩子会权衡各种运算策略的正确率，依据正确率的多少不断地修正自己要选择的策略，保留那些最适合解决数字问题的策略。

举一个简单的例子。叫一个小男孩解决 9-3 的问题，你可能会听到他说："9……8 是减了 1 个，7 是减了 2 个，6 是减了 3 个。9-3 等于 6！"在这个运算中，他采用的运算策略是从较大的数字倒数。现在要他做 9-6 的运算，很可能他不再像前面那样倒数，而会采取一个更有效的方法，其步骤是从小数到大："6……6 加 1 是 7，6 加 2 是 8，6 加 3 是 9。9-6 等于 3！"问题是孩子们是怎么知道这样计算的？通过练习，孩子们意识到如果被减数和减数不是很相近，从大数到小数更为有效。与此相反，如果被减数和减数相近，从小数到大数则更快捷。孩子能自然地发现并使用这种策略，并认识到，计算 9-3 和 9-6 要用的步骤次数是相同的，即都是 3 步。

让孩子在家接触涉及运算的活动无疑能起到重要的作用，在此过程中孩子可学到新算法及选择最佳策略的各种规则。一般而言，很多儿童在进学前班前，都已在心中熟悉了创建、完善、选择运算策略这一动态过程，足以应对基础算术的问题。

儿童脑中的数字结构是如何发展起来的，尽管现在对此还未能一目了然，但近年来的认知神经学研究已经产生了理解大脑发展的足够线索，使

> 大多数儿童在进学前班前，都已在心中熟悉了创建、完善、选择运算策略这一动态过程，足以应对基础算术的问题。

研究者可以勾勒幼儿脑中数字结构演进的轨迹。Sharon Griffin(2002) 及其同事考察了相关的研究成果，编制了相关的多项测验，以大批量的 3~11 岁的儿童为测试对象，评估他们认识数字、时间单位、货币面额等能力。他们根据被试的考试结果，得出了此年龄段儿童的与数字有关的概念结构发展的一些基本结论，主要论证了概念结构发展的几个核心假设，特别是如下所说的三个特别相关的假设：

1. 儿童在 5 岁前后出现思维上的重大调整，将此前形成的认知结构综合为一种等级体系。

2. 儿童从 3 岁到 11 岁的发展期间，其认知结构约每两年出现重大的变化，即 4 岁、6 岁、8 岁和 10 岁，因为这些年龄代表此期间各发展阶段的中点（3~5 岁、5~7 岁、7~9 岁和 9~11 岁）。

3. 在一个现代的文明社会中，约 60% 的儿童都会按上述时序发展其认知结构，有 20% 可能提前发展，有 20% 可能延迟发展。

4 岁儿童的概念结构

幼儿天生的感知能力和用手指点数的能力使他们在 4 岁时产生两种概念结构：一个用于感知总量的差别，一个用于点数物体（参见图 5.1）。

4岁儿童的概念结构图

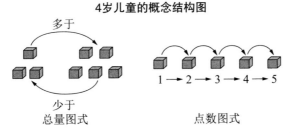

图 5.1 儿童在 4 岁的时候形成了两个主要概念结构：一个是总量图式，源自天生的感知能力；一个是点数图式，源自通过手指逐个点数少量的实物。

根据总量感知，他们能说出两堆木块中哪堆多或少，两个时间单位中哪个长或短，两个货币单位中哪个价值高或低。看着天平上的东西，能说出哪边轻或重，知道横杆的哪一边将要下垂，这个年龄的孩子更多地依靠总量感知而不是数数，但是他们的确知道一堆东西如果增加一个或者多个就会变得更多，如果移除一个或者多个就会变得更少。

孩子的计算能力也在发展，他们知道每一个固定的序列会出现与此对应的每一个数字，知道一个数字在一堆东西中只对应一个实物，也知道数到最后的数字是表明这堆东西的总数。大多数 4 岁的孩子可以数到 5，有些孩子可以数到 10，尽管他们有这种水平的计算能力，但他们仍然靠总体感知来确定总量。这可能是因为总量的概念结构和点数的概念结构储存在大脑的不同部位，而这两个部位之间尚未形成牢固的神经连接。

6 岁儿童的概念结构

6 岁左右的儿童已经将他们的总量模式和点数模式综合为一个涵盖面更广的概念结构，即第一章谈到的心中实数直线图式。因为这个更高层次的概念为孩子理解现实世界的数量提供了重要工具，一般称为认识整数的中心概念结构。利用这个高级的概念结构，儿童会认识到在数数的顺序中，后数的数字要大于前数的数字（参见图 5.2）。此外，他们还认识到，数字本身也有大小之分，如7 比 5 大。心中实数直线图式使他们不用点数实物而沿着直线顺数或倒数即可做简单的数字加减问题。这个发展阶段是儿童理解数学的转折点，因为此时他们逐渐认识到，数字运算不会仅限于借助身外环境中的实物，同样可以发生在自己的头脑之中。

6岁儿童的概念结构

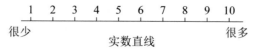

图 5.2 6 岁儿童形成的实数直线图式，成为他们认识整数的中心概念结构

六岁儿童开始将他们的数数技巧用于各种各样的新场合，他们认识到数出来的数有助于他们读出钟表上的时针，确定尺寸相同的钞票中哪张面额最大，知道一角硬币比五分硬币值钱，尽管一角硬币比五分硬币的体积小。与四岁儿童不同的是，他们现在更多地是依靠数数而不是总量感知去决定物体的数目，如一堆木条中有多少木条，一架天平上有多少砝码。

8 岁儿童的概念结构

8 岁儿童已经能分解他们复杂的概念结构，形成两个心中实数直线图式，并以一种大致相配的方式来表示两种单位的变量（参见图5.3）。现在他们懂得了数字的"位值"，能心算两位数的加法题，知道两个两位数的大小。两个实数直线的概念结构能够让他们依次读出钟表上的小时和分钟，帮助他们解决涉及两个货币单位（如"元"与"分"）的算术问题，也能解决杆秤的称重问题，知道不仅要计算秤砣的重量，还要计算秤砣到达横杆平衡点的那段距离。

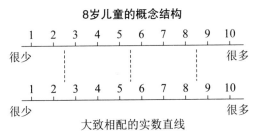

图5.3　8 岁儿童能够按照大致相配的两个实数直线来操纵数字

10 岁儿童的概念结构

到了 10 岁，儿童扩大了两个实数直线的概念结构，能够以一种严密相配的方式来处理两种单位，甚至三种单位的数量问题，对整数系统有了更深刻的理解。他们能在心中完成需进位或借位的两位数的加减问题，也能心算一些三位数的加减问题。事实上，他们能将两个单位的数量换算成同一单位的数量进行运算。这种新的概念结构使他们能将小时换算为分钟，并能确定两个单位的数量比较，如 3 小时与 150 分钟相比，哪一个表示更长的时间。他们能够很容易地进行货币单位的换算，如把两角五分的硬币转换成以"角"和"分"为单位的硬币，从而确定谁的钱多，也能通过运算秤砣的重量和到平衡点的距离来解决杆秤称重的问题。

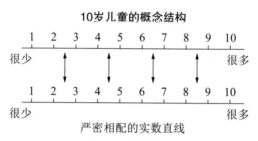

图 5.4   10 岁儿童可借助两个严密相配的心中实数直线来操纵数字，由此可以进行两位数的心算

解决乘法问题

此前我们一直在探讨幼儿如何用简单的加减法来运算数字，到了上学的时候，他们最终会遇到一个称作"乘法"的过程，有时这一过程被教师说成是连续相加的过程。但是做乘法要求有更复杂的心理过程，与做加减法时毕竟有些不同。神经成像的研究表明，大脑在做乘法时要比做减法时接通更多的神经网络（Ischebeck et al.，2006）。这无需大惊小怪，因为，我们的祖先只需做加减法就足以生存，做乘法则需要人类发明新的学习工具。

为何乘法难学？

不知你是否还记得在小学时第一次看到乘法表的情景？你是轻而易举地还

是煞费苦心地记住乘法表的？现在你还能熟练地背出乘法表吗？许多人尽管经过多年的练习，背出乘法表仍很吃力。中等智力的普通成人还会有 10% 的出错率，甚至连个位数的乘法，比如 7×8 和 7×9 都还需要两秒钟，出错率高达 25%（Devlin，2000）。为什么我们会有这些困难？有好几个因素与我们拙于乘法有关，其中包括联想记忆、模式识别和语言。令人感到迷惑不解的是，用以说明人脑最有效和最有用的特点的却偏偏是这三个因素。

乘法和记忆

20 世纪 70 年代末之前，心理学家认为，简单的加法和乘法问题主要是通过操作记忆所执行的点数过程来解决的。1978 年，Ashcraft（1995）及其同事开展了一系列实验，以年轻人为被试来检测上述说法是否正确。他发现很多年轻人做两位数加法或乘法花费相同的时间。数字变大时，计算的时间也随之延长，但做加法或乘法所花的时间依然相同。被试在说出 2+3 或者 2×3 的结果不会超出 1 秒钟，但是他们花费 1.3 秒的时间去解决 8+7 或者 8×7 的问题。这就产生了一个问题，如果是操作记忆在处理乘法问题，那么由于要有更多的点数过程，做两位数的乘法所花的时间难道不应该多过做两位数的加法吗？经过多次实验，Ashcraft 得出了与实验结果吻合的唯一说得过去的结论：长期记忆中存储着某种已牢记的列表，解决乘法运算问题的方法就是从这个列表中提取的，操作记忆中不存在任何点数或处理过程。

这个结论并不令人惊奇，基于三个理由：其一，第一章已经谈到，我们心智感知数量的精确性，会随着数字的变大而马上丧失；其二，我们获得算术技能的顺序起着重要的作用，因为在学习过程中我们往往容易记牢最先接触到的东西。我们开始学习算法时，最先是解决小数字的问题，然后才解决大数字的问题。其三，因为在算术问题中小数字出现的频率远远多过大数字，我们很可能难得有解答大数字乘法问题的机会。

或许你会问："这种说法有什么了不起的？我们用小学记住的东西来解决今

天的算术问题，难道不正常吗？"这可能是正常的，但不是自然的。学前儿童运用他们先天但有限的数量观去发展本能的数数策略，从而帮助他们理解和估测较大的数量，但是他们绝不会一直跟随这种本能的过程。当孩子进入小学时，就要经历从本能地理解数量和点数策略到死记硬背算术规则这一急剧的转变。突然间，要顺利地进行运算就意味着要在记忆中获取和存储大量的数字知识，而这些知识对他们来说或许是有意义的或许是无意义的。他们还发现，日常谈话中用到的某些词语在做算术题时改变了意义。尽管面临诸多困难，不少孩子在心理上坚持不懈地顺应这种数字运算和语言系统的巨变，可大多数孩子在这个过程中却不幸地丧失了计算数字的本能。

> 小学阶段的儿童要经历这样的突变：从对数量的直觉理解和数数策略转向死记硬背各项算术规则。可不幸的是，大多数儿童在此过程中却丧失了对算术的直觉。

我们是否依从儿童的本能教授乘法表？

根本不是！儿童在记忆乘法表的数小时练习中，要耗费大量的神经能量，并有令人心灰意冷的极高出错率。但与此同时，他们每天可以毫不费力地学会10个新单词的读音、意义和拼写，也不必像对待乘法表那样反复地背诵单词及其意义。此外，儿童在记住他们朋友的名字、住址、电话号码、书名等方面几乎没有困难。显然，只要不是记忆乘法表，儿童的记忆力毫无问题。为什么儿童和成人记住乘法表这么难呢？

一个答案就是我们通常教乘法表的方式是反本能式的。一般而言，我们都是先教乘以一的口诀，然后逐次教到乘以十的口诀。这种一直教到10×10的逐步方式将需要记住的口诀分隔开了，但这是不是教乘法表的最好方式呢？儿童记住从一到十的乘法表不会有多大的困难，因为这符合他们本能地点数的概念图式和基于掰弄十指的运算策略。现在乘法表中有64个单独的口诀，其中乘以2，3，4，5，6，7，8，9的口诀中重复地含有2，3，4，5，6，7，8，9的数字，我们为什么还要一个不落地记住这 64 个单独的口诀呢？我们注意到 5 岁左右的孩子在刚开始学习乘法表的时候就已经知道了加法的交换律，那么只需告诉他们乘法也有交换律，如 3×8 等于 8×3，我们可以把 64 个口诀减至近半，大约有 36 个口诀（有 4 个含有相同数字的口诀不能去除，如 2×2，5×5）。从口诀的数量来看，这样做儿童可能更容易掌握乘法表，但是还解决不了根本问题。

有些人指责学生不肯下功夫去记住乘法表，还有一些人认为有电子计算器可用何必要孩子费力记住乘法表。他们的看法都回避了正题：我们天生就不错的记忆力为什么难以完成这项任务？下面我们就来了解一下记忆的本质与乘法表结构之间的联系。

模式和联想

人脑堪称五星级的模式识别器。人们对记忆信息的提取往往要靠联想，即长时记忆中的某个想法触发另一个想法。例如，有人提到母亲，你脑中颞叶的联想区就会在你心目中形成某个形象，由此激活你长期记忆中的信息存储区，使你回忆起母亲第一次带你去动物园的情景，脑中的边缘区还会唤醒你经历此事的情绪。你当时兴高采烈，因为你从未想到大象是如此的大，长颈鹿是如此的高。随着更多联想的出现，你又真切地记起你的孩子第一次去动物园时的激动情绪。大脑识别模式、进行联想的能力，是大脑最突出的长处，常被称作联想记忆。实际上，人有这种本事，甚至不用看每个人的面貌就能识别个体。通过联想记忆，人们可以从

> 联想记忆是一种有效的实用能力，可联想记忆在遇到类似背乘法表这样的领域时就会出现问题，因为记住乘法表必须避免各个口诀之间的相互干扰。

步态、姿势、声音、身躯等特点迅速而准确地认出远处的熟人。

联想记忆是一种有力的心理装置，让我们把零碎的信息相互联系起来，由此我们可以利用类比推理将某一场合所熟悉的知识用到全新的环境之中。不幸的是，联想记忆在遇到像乘法表这样的领域时就会出现问题，因为记住乘法表必须避免很多零碎的信息之间的相互干扰。

Devlin（2000）指出，当涉及乘法表的时候，联想记忆就会引起麻烦。因为我们记住乘法表是通过语言，进入大脑的不同口诀就引起了相互干扰。要认出 $6×9=54$、$7×8=56$ 和 $8×8=64$ 是单独的口诀，电脑毫无问题。可人脑却不行。人脑的寻求模式的强大能力辨别出来的是口诀中的相似节奏感，这反而增加了分别记住这三个口诀的难度。其结果是，$6×9$ 的模式激活了一连串的其他模式，其中包括 45、54、56 和 58 等得数，并把它们全都输入操作记忆当中，这就让人难以选择正确答案。

与此类似，Dehaene（1997）强调记住加法和乘法表也有相互干扰的问题。他注意到，做算术题的各种要素不是任意确定的，而是相互制约的，并且用语言表述时会紧密地相互组合，形成使人误解的同韵词和令人费解的双关语。下面的例子与 Dehaene 所举的例子相似，都是用来说明语言如何迷惑而不是澄清大脑的思路的。

假设你要记住下面三句中的人名和地址：

Carl Dennis lives on Allen Brian Avenue

Carl Gary lives on Brian Allen Avenue

Gary Edward lives on Carl Edward Avenue

学习这些绕口令似的句子确实是一种挑战，但这些表述就像是披着伪装的乘法表。假设名称 Allen、Brian 、Carl 、Dennis、Gary、Edward、Frank、Gary 分别代表数字 1、2、3、4、5、6、7，短语"live on"视为等号，那么上述三句就成为三个乘法等式：

$3×4=12$

$3×7=21$

$7×5=35$

有鉴于此，我们可以明白为什么当孩子第一次遇到乘法表的时候感到为难了：各种模式因相互干扰而引起问题。模式之间的干扰也使我们在记忆中难以分开加法和乘法的要素。比如，我们意识到 $2×3=5$ 是错的比意识到 $2×3=7$ 是错的要花费更多的时间。这是因为第一个结果使用加法也可能会做对。早在

1990 年，Miller（1990）就已经发现加法运算会干扰学习乘法表。他发现小学三年级的学生刚开始学习乘法表时还常常依赖加法运算，诸如 2+3=6 的错误就会出现。随后的研究也表明，对大多数孩子来说，要将加法和乘法的正确运算在其长期记忆中扎根仍是一个难题。

我们的大脑经过数百万年的进化已经拥有了让我们生存的必要技能，其中包括：识别模式，产生有意义的联想，基于少量信息进行快速的判断和推理。学会简单的数数很容易，因为此时我们已能使用语言和掰弄十指来和所数的数字一一对应。但是，由于算术运算不与人类的生存息息相关，我们的大脑并无掌握算术运算的禀赋，可算术运算——如乘法——是进行精确计算所必要的。利用脑电图技术对人脑的研究表明，简单的数字运算，如数字比较，大脑的多个不同的区位都可独立完成。但乘法运算则要协调数个分布面广的神经元区，这表明有更多的认知活动参与其中（Micheloyannis，Sakkalis，Vourkas，Stam，&Simon，2005）。因此，做乘法和精确运算，我们不得不调用那些并非出于生存理由而发展起来的大脑回路。

> 要做出精确计算就需要运算规则，可我们的大脑并无操作运算规则的天赋装置，必须调用出于其他理由而发展起来的大脑回路。

语言对学习乘法的影响

既然乘法表那么难记，那我们的大脑又是如何最终将其掌握的？我们最出色的天生才能之一就是无师自通地掌握口语，我们大脑中的额叶和颞叶有专门处理语言信息的区域，面对记住算术运算的挑战，我们大脑的反应就是将其收录进我们的言语记忆区，这是我们语言系统中规模较大且经久耐用的要件。对于多年前学过的东西，我们大多数人仍然能够从言语记忆中提取出来，如想起学过的诗句或歌曲。

教师早就深知言语记忆和语言的重大作用，因此鼓励学生高声背诵所学的东西，如儿歌、乘法表等。结果，运算就逐渐和学习运算时所用的语言结下不解之缘。正是这种牢固的联系，学习第二语言的人们通常继续用第一语言来做算术。不管他们的第二语言如何流利，学习算术时转用第一语言还是比用第二语言从头学起要容易得多。

　　Dehaene 和他同事的大脑成像研究进一步证明了我们使用原有的语言能力去做算术。他们的基本推论是，因为精确的算术运算要求用言语表示数字，这必然涉及大脑的语言区域。不过，因为估算只要求笼统的答案，不一定要借助原有的语言（Dehaene et al.，1999）。

　　实验的被试是会双语（英语和俄语）的成人，先用英语或俄语教他们两位数的加法，然后进行考试。当教学和试题使用同一种语言时，被试提供正确答案的时间在 2.5~4.5 秒之间。当教学和试题使用不同的语言时，被试者要多花整整一秒的时间来给出正确答案。显然，被试用那一秒将试题译成教学时的语言。当试题只要求笼统的答案时，不论试题使用哪种语言，都不影响答题时间。

　　在实验中，研究者监测被试的脑部活动（参见图 5.6）。解答需要精确答案的试题时，大脑中的活动主要发生在左额叶的同一部位，而此处正是语言处理区。解答需要笼统答案的试题时，大脑中最活跃的地方是两个顶叶，恰恰是保存数字意识和支持空间推理的区域。这些发现令人惊喜，因为揭示了我们人类依靠大脑的语言区就能将天生的数字意识扩充为精确计算的能力。

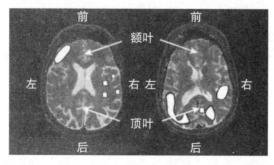

图 5.6　大脑扫描拼图显示，精确运算时大脑活跃的部位主要在左额叶的语言区，此处形成表达数字的言语（左图）。粗略估算时大脑最活跃的地方在两个顶叶，这个区域保留数字意识和支持空间推理（右图）（Dehaene et al.，1999）

如果你想从自身找到证明语言和精确计算之间关联的证据，那就试着一边高声背诵字母表一边做两位数的乘法。你会发现这是非常难做到的，因为同样的语言区在同一时间既要关照说话还要关照心算和推理。尽管大脑的语言区和数学推理区有可能合作，但是仍然要记住，大脑中的这两个区从生理结构上看是相互隔离的。有不少个案研究表明，即使其中一个区损伤了，另一个区的功能依然正常，这进一步证明了两个区各司其职。因此，教师就不应该断定，有语言处理障碍的学生必然也有算术运算的障碍，反之亦然。

> 由于大脑中的语言处理区和数字处理区是各自独立的，教师不要想当然地认为，有语言问题的学生必然就有计算问题，或有计算问题的学生必然就有语言问题。

死记乘法表对儿童计算能力的发展有利还是有害？

两者兼有。要知道，儿童进入小学时就具备了虽说有所局限但相当发达的数字意识。基于他们的大脑识别模式的潜力，他们已初具感知推理的能力，学会了一些用试误法来数数的策略。正如前面多次提到的，小学的算术教学有意地绕开儿童的这些天生能力，而让儿童直接学习算术运算规则。

如果儿童刚学算术时就要求他们死记硬背加法表、乘法表及其他运算规则（如分步做减法的程序），他们基于本能理解的数字关系就会乱成一团。实际上，要儿童学会的是如何从本能地处理数字的主动过程转变为不明就里地计算数字的机械过程。

从另外一个方面来说，如果算术教学一开始就利用孩子已有的数字意识、感知推理和数数策略，将它们和陌生的算术运算之间建立联系，乘法表就变成了更深刻地理解算术的工具，而不是将其本身视为目的。

一些学生可能已经在家学习过乘法表，我建议，先评估每个学生已有的个位数相乘的运算水平，然后利用图片引导学生学习连加的运算规则（这是理解乘法的基础）。我出的这个点子，是想利用学生天生的建模意识去构建如何做乘法的网络，而不是仅仅记住乘法表本身。当然，这个主意可能并不适用于每一个学生，对有些学生来说，记住乘法表可能是学好算术的唯一选择。

*　　　*　　　*

　　人们与生俱来的数字意识，有助于他们确定一小堆实物的数量，掌握数数或加减数字的初步技能。我们怎样利用这些先天的技能去帮助他们学习更复杂的数学运算？当前认知神经系统学的研究对大脑如何学习取得了哪些成果，我们怎样利用这些成果来谋求有效的数学教学？下章将回答诸如此类的问题。

思考题

　　学过第五章后，在本页写下你准备进一步考虑的要点、思想、策略及所需的参考资料。此页是你对学习第五章的个人总结，有助于唤起你的记忆。

第六章
男性之脑和女性之脑 [①]

阿比盖尔·诺佛里特·詹姆斯

在关于认知性别差异的争论中，有人认为认知性别差异会对个体如何处理信息产生影响。言语技能高超的人，也许擅长阅读与倾听；空间技能出众的人，可能觉得掌握图示信息更为容易。大多数人能够以不同的方式去学习，但不少人有自己偏爱的学习方法。个体偏爱的处理信息的方式将决定走向哪条高效学习的道路。

是否存在着适应特定性别的学习方法呢？请回答下页的测试题，看看你在了解男女学习差异方面能得多少分。

一些老师可能不会完全认同男女学生的学习方式差异来自认知性别差异，他们认为，男孩和女孩的学习方式是在学习时形成的，因为有人教他们按某种方式学习。当然，这种看法有几分道理，但是作为既在男校也在女校担任过教师的我依然相信：学生的认知性别差异在很大程度上影响了他们在课堂学习时的个体体验，从而导致了他们有自己偏爱的学习方式。这意味着当教师安排教学活动时，需要考虑性别差异。要记住，对教师有效的不一定对学生也有效。

---

① 选自阿比盖尔·诺佛里特·詹姆斯著：Teaching the Female Brain：How Girls Learn Math and Science，科文书社，2009 年。

测试题

对下面各句做出判断，指明某句主要是描述女孩（a），或主要是描述男孩 (b)，还是对男孩和女孩都适用 (c)。

1. 更易被人认定什么都学不好

2. 更易被人认定学不好数学

3. 能有效地确定问题，并选择适当的应对策略

4. 放学之后在家庭作业或学习上花费较多的时间

5. 与志趣相投的同学共同学习能取得最好的效果

6. 加入不以学习为目的的同学团体

7. 拥有出色的文本校对技能

8. 愿意检查功课以发现错误并改正错误

9. 不善于用多种策略去解决问题

10. 对学业的成败有着更为切合实际的看法

答案见 137 页

我是一名女性，却长着一个颇像男性的大脑，由此我早就认识到，孩子的性别并不能完全说明孩子是如何学习的，我本人的许多学习障碍就类似我教过的男生而非女生。譬如，我不擅长拼读单词和处理听觉信息，这意味着我能了解男生在学习时遇到的许多问题。然而，作为一名女性，我的语言能力又与女生相仿，所以对女生如何学习亦能有所了解。没有几个人的学习方式会因其性别截然不同，非此即彼。你会发现下面所说的学习与有些学生的学习相差无几，而与另一些学生的学习毫不沾边，总的说来，更多地符合女生的学习状况。

学习形态

在此文中，"形态"是表明以何种感官作为信息来源的术语，因此"学习形

态"指以双耳（听觉）、双眼（言语视觉和图像视觉）、双手（动觉）作为信息来源而划分的学习类型。

- 听觉学习起自*听到*信息的时候，或者说来自个体正在听信息的任何时候——事实上，课堂学习主要属于此类。听觉信息来自讲座、电影、讨论会、小组合作、辩论等。
- 言语视觉学习起自*读到*信息的时候，或者说来自个体正在读文字的任何时候。言语视觉信息的来源可以是书本，讲义，写在黑板、白板、智能板上的文字，幻灯片上的文本等。
- 动觉学习起自*操作*信息的时候，或者说来自个体正运用材料做某事的任何时候。动觉信息的来源可以是做实验、记笔记、表演、唱歌、解决问题、制作模型、进行研究等。
- 图像视觉学习起自*看到*信息的时候，或者说来自个体看见图示信息的任何时刻。在图像视觉学习中文字不是呈现信息的关键，信息的来源是图表、表格、图像、照片、实例、电影等。

听觉学习

对于听觉学习并没有很多研究，但可以推论，假如一名学生通过某一种感官系统能轻易地获取信息，那么对于这名学生来说，这种感官系统便是一种有效的学习通道。我们知道女孩的听力要比男孩敏锐，那么女孩记住听力信息应该比男孩容易，而且研究已经证明女孩比男孩拥有更牢靠的听觉记忆（Geffen，Moar，Hanlon，Clark，&Geffen，1990；Vuontela et al，2003）。

"女孩拥有更牢靠的听觉记忆"这句话中存在着一个令人拿不准的因素，因为这里所说的"听觉记忆"实际上可能是言语记忆。假若要记忆的材料是以言语来表示的话，总会存在着这么一种可能性：即女性善于记住听到的内容，源自表示信息的言语特性而不是听觉特性。因为课堂中所听到的大部分信息是言语组成的，教师可能由此断定绝大多数的女生比男生拥有更好的听觉记忆。但是，我作为一名听觉记忆拙劣的女性，想指出的是：假如一名学生不能告诉教师刚才所说的内容，并不是因为学生没有注意听，而可能是因为学生记不住听觉信息，即使其中有言语信息。我敢说，听觉记忆和言语记忆是有区别的，倘若我想记住我所听到的，那么我必须用笔写下来。对教师而言，这意味着用言语表达信息是一种教授女生（但不是所有女生）的良好方法。

课堂教学建议

　*对学生的学习要求，不管教师认为自己讲得有多么清楚明白，教师务必要提供书面说明和解释。拙于处理听觉信息的学生需要有其他来源以确保获取有关信息。

　○对于年幼的学生：你有必要在黑板上粘贴或写下对学生的要求。

　○对于年长的学生：你可以使用一个网站作为信息的一种来源，利用该网站粘贴家庭作业、补充教材，并链接其他网站的网址，提供可供阅读的其他信息。

　*教会所有学生做适当的笔记，即使善于听觉学习的女生也需要了解如何将听力来源的信息转换为书面的记录。

　○对于年幼的学生：先对学生讲明学习要求，然后要学生简要地写出该学习要求。这将有助于教师发现学生是否有不易察觉的听力问题或听觉信息处理问题，同时这对学生来说也是一种练习机会，不必用精确的文字来笔录教师所说的要点。

　○年长的女生通常愿意分行做笔记，然而，一些女生可能是视觉型的，更愿意利用蛛网图或流程图来做笔记。如果教师不太熟悉这些技能，可以求助本校的学习专家。

　○虽然朗读似乎不是数学和科学课程的一部分，但对学生进行听力练习有助于发展他们的听觉技能。在科学课程中，你可以向学生朗读描述某种动物的文章，再让学生画出该动物。要求学生运用非言语技能，有利于学生完善获取信息的所有方式。

言语学习

前面曾说过，女性的言语优势可能源自她们左脑的发育早于男性。女孩的阅读能力发展早于男孩，对阅读的自信心也胜过男孩。尽管如此，你必然见到过一些有阅读困难的初中女生、一些入学前班前就可流畅阅读的男孩。而且你常常会发现，女孩着意阅读的东西是教师在课堂上谈及的任何内容，而不关注获取信息的其他方法（Buck & Ehlers，2002），所以要确保学生有获取书面材料的通道。

课堂教学建议

*通过言语方式呈现教学材料：提供书面信息，讲故事，讲解教材等。

*对幼小的学生，教师要扮演"编剧"的角色，引导他们在课堂上用语言来描述一件事或一次经历。这种练习的部分目的是为了扩大幼童的词汇量，从而有助于他们描述得之于视觉形象的事件。

*假若课堂上呈现的是图示信息，教师一定要当场讲解，这样女生就能掌握与图片或视觉材料挂钩的词语。

*假如你教的是年幼的孩子，那么不要臆断所有女生都善于朗读。有的女生阅读能力差且被同学发现有阅读障碍的话，她会感到不舒服的，因此要确保她能得到不失体面的帮助。倘若你要求学生在课堂上大声朗读文章，那么私下让这名女生提前做好准备，这样就没有同学知道她已熟悉了这篇文章。

动觉学习

一般说来，动觉学习是女生的短处，因为许多女生不喜欢摆弄实物。上生物实验课时，我发现叫女生去查看植物的组成部分或解剖标本，她们都很为难。

她们宁愿看着书上的图片或者观看他人操作实验物品。有研究为此提供了佐证，在科学实验室中，女生很少独出心裁地使用工具，而更愿意谨小慎微地服从老师的指导（Jones et al.，2000）。不过，我的女生一旦学会实验室操作，她们便乐在其中，并通过这种方式学习到大量知识。我没有强迫她们进行实验室操作，但我也不会代她们解剖标本。

女生不愿意在课堂上摆弄实物，可能是因为她们的好动程度低于同龄男生。有大量的证据说明男生比女生好动，更愿意参加需要动手操作的课堂活动（Baron-Cohen，2003；Honigsfeld & Dunn，2003）。在有男生和女生的课堂中，或许因为男生非常活跃，女生就更为消极。在单一性别的数学课堂上，女生说她们能很好地学习数学，这可能是他们有了更多参与活动的机会，使她们能从容地掌握数学材料。在同一研究中的男生中，并未发现单一性别的形式会造成他们数学成绩的差异（Seitsinger，Barboza，& Hird，1998）。

有研究揭示了多少令人有点惊奇的事实，即女生比男生更早也更好地掌握小肌肉运动技能（Kimura，2000）。据此推断，上学时女生应该比男生更愿意接触和操作实物。有人认为，女生不去摆弄实物的原因之一，可能是想取悦教师。如果教师说"不要触摸"，女生更乐于从命（Maccoby，1998；Pomerantz，Altermatt，& Saxon，2002）。另外一个原因是男生更好动，可能把实验室操作的活儿全包了（James，2007）。

课堂教学建议

＊鼓励女生积极参与动手操作的课堂活动。在男女同班的课堂中，教师可以将学生按性别分组，如果不愿这么做，那么可规定参与操作活动的最低标准。

○年幼的学生可能更愿意积极地参与课堂活动，要密切关注活动的进程，确保女生都能参与其中。假如女生总是让男生包揽一切，那就要为小组内的每个孩子安排特定的任务。

○对于年长的学生，要注意，有的女生并不总是心甘情愿地当记录员，并以此作为对小组的主要贡献，尽管其他学生巴不得她这么做。所有的学生，即使是那些字迹潦草的学生，都需要学会如何记录得之于研究的结果或信息。

*假如教师在数学课上使用了可供动手操作的材料，那么确保所有学生都要各负其责。因为有些女生可能只想袖手旁观。绘制一张学生分工协作示意图，确保每名女生每周至少有一次向教师演示她如何动手操作有关的材料。

*在高中科学课程中，必须安排实验操作考试，将此得分列为课程总分的一部分。这可以使学生明白：不可对实验操作掉以轻心，同时为那些擅长这些技能的学生提供一个施展身手的平台。

视觉学习

尽管大多数女生牢记所读到的东西，但对所见之物的记忆却不是清晰明了的。有研究表明通常男性比女性更擅长视觉记忆和视觉学习（Martins et al.，2005），虽然另有研究表明，女孩的视觉记忆的发展要早于男孩 (Vuontela et al.，2003)。这个发现或许可以解释这一现象：女性的感知速度（指比较形状和模式的能力，例如比较字母、数字或图片）明显地快过男性 (Kimura，2000)。当个体扫描各种形状时要利用视觉记忆，从而记住所见目标的形状，并发现与此类似的形状。视觉记忆的这种功能可用于发现两个相似图片之间的差异，或用于文字校对。有人认为，女性会为每个符号或形状命名，这样就将视觉记忆的任务转换成了言语记忆的任务。

一些视觉记忆测试的结果（例如物体位置记忆）表明女性占有一定的优势 (Halpern，2000)。然而，从这些结果并不能得到确切的结论，另有研究表明在物体位置记忆方面，男性可能优于女性 (Cattaneo，Postma，& Vecchi，2006；de Goede，Kessels，& Postma，2006)。假如信息是以图表的形式来呈现的话，可能男性会记住更多的材料 (Geiger & Litwiller，2005)。男性似乎拥有更出色的视觉空间记忆，这是玩电脑游戏不可缺少的本领，因为电脑游戏中包含了时空的移动。在一项研究中发现，男性能更好地确定两个单独的图形可以组合为哪种图形 (Lawton & Hatcher，2005)。

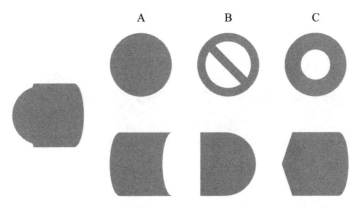

在A、B、C三组图形中，组合哪组图形可以得到左边的图形？

图 6.1　视觉辨认记忆测试

为何我对女生如何记住事物而非记住文字感兴趣？因为在教学中，我发现有些女生难以记住图示信息，至少这些女生也认为自己很难记住这些信息。有些女生开始学代数时就有这样的问题，她们觉得那些代数符号令人困惑。代数一开始就将数字与代表各种变量的字母连在一起，这点就令她们困惑——4x 到底代表什么呢？对以言语为思考取向的学生来说，代数式中最重要的部分可能是字母，字母应该与某个单词有联系，但代数式根本没有这样的联系。有些女生感到难以理解，为何代数中要反复用 x 和 y 来表示各种变量，尤其弄不懂为何两个连在一起的代数题使用相同的符号表示未知数。

课堂教学建议

*假如很难理解字母是代表变量的，那么拿铅笔在每个相同的变量上做出标记。采用标记变量的方法颇为有效，那些原先不懂的学生不久就能明白字母是代表变量的。

*还有一种策略是运用荧光笔涂抹相同的变量，当代数题包含一个以上的变量时，使用不同的颜色是非常可行的方法。例如：

用于单变量的等式：$22-x=8x$

用于双变量的等式：$3x+4y=12-2y+2x$

*用直观的图画而不是混杂的字母来认识数学和科学符号。例如，糖的分子式是 $C_6H_{12}O_6$ ，那么画出分子的六边形图形，这样学生就能看出字母和数字是如何组合在一起的。

*上数学课时，带几个真正的苹果和橘子（或者任何便于代替字母或数字的实物），将它们排列成"等式"。例如，在前面的等式中，用大积木块代替变量，用小积木块代替数字，将它们按等式中的位置摆出来——22个小积木块，3个大积木块，8个大积木块。让学生移动积木块，直到他们弄清要使等式成立每个大木块所代表的数值为止。

我还发现，有些女学生在未学代数前就对用于演算的符号发怵，尤其该符号超出了基础算术范围。例如，"－4"是什么意思？它是表示从一些东西中减去4呢，还是表示这个数字的数值小于0呢？你怎么读"－4"？读"减4"，还是读"负4"呢？两种读法表示不同的意思，前者表示算法，后者表示数值。因此对注重词语的人来说，这就引起了麻烦。而对注重数字的人来说，他不会在意－4是表示要减去的数量，还是表示一个负值，因为在简单的加法或减法等式中，求出的结果是相同的。可是，假如一个数被乘以或除以－4，那么一些学生可能很难理解这里的"－4"代表的是一个数，而不是一种算法。

有一天，一名女生打断了我的讲课，问我"减"和"负"之间的差别。我指出：减去一个"+4"和加上一个"－4"的结果是一样的。她仍然很困惑，这时我意识到全班大多对这个问题感到不解，于是我在黑板的顶端画了一条数轴。一旦教材中出现学生感到分不清"减""负"的例题，我就用数轴来澄清两者的区别，直到所有学生全都明白了"－"这个含义两可的符号。当你阐明这个有歧义的符号时，确保学生能熟练地应对该符号的双重含义，知道哪种情况该为"减"，哪种情况该为"负"。有一个未学代数的班级，所有学生都对"减""负"分不清，我就让每个学生在每次测试的试卷的顶端画上一条数轴，借此判断如何合并数字，直到学生都能轻易地解题。

问题的症结就在于数学和科学中的确有一些模糊不清的术语，这就给擅长语言的学生制造了难题。"减"或"负"不过是露出水面的冰山一角。那么"乘以"和"倍数"呢？"两倍"和"乘以2"之间是否存在差别，"除以"和"除"之间是否存在差别？"Δ"这个符号表示交换还是热量？假如一名学生要清楚地记忆单词，就必须清楚地了解词义。假如女生很难弄懂数学符号，她们就会提问："那个字母代表着什么？"或"为什么这个问题同先前的问题使用同样的字母？它们的含义或数值相同吗？"

关于记忆力与物体定位的研究有助于解释为何一些女生难以理解使用较多图形的数学和科学。倘若女性记住物体位置的原因在于她们给物体命名，那么记住葡萄糖分子式 $C_6H_{12}O_6$ 可能很困难，除非分子式被说成"Carbon 6, hydrogen 12, oxygen 6"。当我在一所女子学校教科学课时，总是一边将分子式写在黑板上，一边说出每个元素的单词。我发现这能帮助部分学生记住元素的单词，即使我写的是 $C_6H_{12}O_6$。当学生熟悉分子式时，我就只读我写的分子式，而不读出每个元素的单词。

课堂教学建议

＊当教师写术语时，先不要用缩写，直到教师确信每个学生都能听懂术语的意思时再用缩写。在帮助一名女生学习解化学等式时，我发现她对箭头的含义一无所知（你必然记得，箭头表示有某种化学反应）。

＊对难以牢记符号含义的学生，让他们编制一张标注符号含义的符号总览图或总览表。教师不必为学生代劳，学生自己动手有利于他们记住符号所代表的意思。

＊使用实物，例如塑料积木块，来代替方程式中的变量，这有助于学生理解方程式中的 x 所代表的数值。

小组规模

每当我与教师谈到如何给女生分组时，常常招来不以为然的笑声。如果我说按奇数来给女生分组，让她们共同完成一项学习任务，教师更是笑得前仰后合。不过，当我告诉教师有研究支持他们平素形成的看法时，教师也感到惊讶。该研究清晰地显示，按偶数分组的女生在小组中的表现更为出色，原因是女性会在意自己在小组中的个人作用，所以一旦她们身处一个奇数小组时，可能感到得不到别人的注意而成为多余的一个（Benenson & Heath，2006）。或许正如前面所说的，还因为女性从幼小时就关注自己的脸面。

假如你将三名女生分为一组，很可能有两个女生相互讨论，第三名女生则不参与。而四人小组则可使女生结成搭档共同学习。我曾经发现三名女生也可十分有效地合作，但这只是个例外，而不是规律。假如三名女生要求共同学习，教师倒不妨让她们分为一组，但要时刻注意她们是否成为平等的合作伙伴。我也遇到过这样的事：学习懒散或能力欠缺的两个女生挑一个能干事的落单女生加入小组，这名女生因受到两名女生的关注而倍感荣幸，此后才意识到她要去承担全部的工作。

课堂教学建议

＊假如你需要让三名女生一起工作，确保任务分工明确，每个学生都清楚自己要做什么。假如一名女生试图让他人代做自己的工作，那么其他人都看得清清楚楚。

＊假如因班级人数只能分成奇数小组的话，确保女生可以定期调换小组。在新的小组开始工作前，女生们将学习如何从事不同的工作。女生调换进新的小组，可以学会如何承担不同的任务。另外，如果有的女生小组相互配合特别糟糕，那么定期调换组员有助于形成协同合作的小组。

＊对小组工作实行两种评分也是一个好办法，一个是给学习效果评分，一个是给个人贡献评分，这将促使小组的每个成员都全力以赴。

公　平

"这不公平！"每个老师都曾经听到学生这样的抱怨。女生认为，努力应是衡量成功的标准。完成同样的作业，假如花了 3 小时的女生比花了 20 分钟的同学得分还低，就可能引起问题。所有学生越早认识到工作好坏不是靠所花的时间而是以最终结果来判定的，教师完成教学任务就越轻松。这就是为何要按阐明成功标准的准则或方法来给学业评分的一个理由。

为了鼓励那些看重努力的女生，只要她们能证明确实在完成作业时下了苦功，教师可以加分或改分。不过，只有评估准则表明可将努力作为加分标准时才能这样做。如果女生不能早早地认识到这一点，那么进了大学就可能感到意外，因为大学教师只看最终结果。我深信这是为何部分女生学数学、科学感到烦闷的原因——得分全凭答案，为获得答案花费多少时间并不重要。有女生告诉我她们喜爱出论述题的课程，因为她们认为，写得越多，老师给分就越高——只要努力就有回报。

另外一个与公平有关的问题是如何应用约束行为的规则。女生认为在处理捣乱行为时用引导法最适宜（Barnett，Quackenbush，& Sinisi，1996）。所谓引导法，是指成人或管理者向捣乱的学生指出他们的行为已经伤害了别人，同时让他们想一想如果有人对自己做了同样的事会有什么感受。引导法或是引导捣乱的学生注意其行为对成人（家长或教师）的影响，如"我对你的所作所为感到很失望"，或是看重对受害人的影响，如问"你认为苏西对你的这种行为会有何感触？"女生认为着眼于家长的引导法比着眼于受害者的引导法更为公平（Horton，Ray，& Cohen，2001）。由此看来，女生不仅觉得用引导法处理行为问题是公平的，而且认为指出不良行为对家长或其他成人的影响比指出其对受害者的影响更为公平。虽然有了必然要遵守的规则，但如何应用规则要看捣乱行为所造成的后果的轻重而有所不同。女孩认为，这同样是反映了努力不同结果就不同的一个实例。

对女孩而言，公平就是倾听各方意见，做出所有人都感到合情合理的决定。

课堂教学建议

*在数学、科学课程中实施评分准则是十分有必要的，这些评分准则有助于学生清楚地了解需要他们做什么，怎样给他们的努力评分。对高年级学生，学习之初就要让他们知晓学业的评分规则，由此可以明白该朝哪一方面下功夫。

*要求学生在拿出学习成果，尤其是实验报告时，不用华丽的封面或气派的活页夹。我曾经收到封面精美绝伦但内容一塌糊涂的作业，这名学生无非试图向别人表明自己做作业下了功夫。大多数大学要求学生只用一张扉页表明学习所得，学生一定要懂得学业得分要根据内容而不是外表。

＊确保全班学生都清楚学生守则，将守则粘贴在教室里很管用。在开学之初，就要宣讲每条守则及其制定的理由，这将避免以后有学生说他没弄懂某一守则或说某一守则"不公平"。

　○对低年级学生：教师要指导他们讨论哪些行为有助于维护班级秩序，尊重所有学生，并在讨论结果的基础上制定各条学生守则。

　○对高年级学生：班上每个学生都可拟定学生守则的条文。教师可以将这些条文张贴出来并让每个学生在上面签名以表示她或他同意遵守这些条文，此时班上就有了全班学生都签署认可的学生守则。

学习障碍

毫无疑问，有学习障碍的女生少于男生。由于大多数学习障碍源自各种语言障碍，女性语言技能的发展快于男性，其学习障碍当然少于男性。但这并不意味着女生没有学习障碍。如果你班上的有位女生学习成绩不好，那么很可能她就有学习障碍。

孩子们以不同的速度发展不同的技能，学校应该灵活地对待这些不同。谨记那些看起来像某种学习障碍的可能实际上是学习形态或发展速度的差异。学生身上的这些差异应该受到关注，只要假以时日或因材施教就可得到改善。

诵读障碍

不同的语言障碍都可引发诵读障碍，通常女生比男孩较少地诊断出有诸如此类的问题。诵读障碍的群体可能有口语、阅读、书面语言上的问题，其中大多数人是能够学习的，但其学习方式通常有别于课堂学习方式（Carreker，

2004）。鉴于女性有语言优势，有诵读障碍的女生对由此引发的学习问题特别忌讳，因为人们普遍认为女生不该有这方面的问题。

当碰到有诵读障碍的女生时，解决问题的关键是要准确地鉴定由此引发的学习问题，并对每个学习问题给予正确的矫治。任课教师应和特教教师联手合作，共同为该女生营造一个有利于成长的学习环境。任课教师可以先引导孩子自己发现她的确可以学习并弄明白自己用何方法学习，然后再引导她用同样的方法来做学校的功课。重要的是必须让学生明白，她能学习，只不过适合她的最好的学习方式有别于大多数同学。对有语言学习问题的孩子，现在能提供多种矫治手段，学校的特教部是最适宜的可用资源，能为每一个有诵读障碍的孩子提供有针对性的矫治策略。

课堂教学建议

*初中的女生非常在意同学的认同，因而也许她不愿意被人认定或被发现有学习问题。被别人说成有学习问题，有些学生或许毫不在意，可有些女生则感到无地自容，因此对女生的学习问题进行矫治就颇为棘手：女生的学习问题可能因矫治措施而暴露，女生因此就不愿接受矫治或不让教师采取矫治措施。

*年幼女童的诵读障碍难以察觉，但不能因有的女生没有诊断为诵读障碍就意味着她无此障碍。我的一名女生到四年级时才检查出有严重的诵读障碍，因为她的口语技能是如此出色，以至于让人难以判定她的学习问题是来自诵读障碍。

*高年级女生要多和有同样问题的女大学生或成人交流，从而汲取正视问题的勇气，知道有人成功地战胜了诵读障碍对她们将是极大的慰藉。

*许多非常优秀的人存在着诵读障碍，可让女生对其中某人写篇专题报道，尤其要详尽描写此人克服学习障碍的经历。

书写障碍 / 运动障碍

诵读障碍的儿童难以吸取信息，而书写障碍的儿童则很难显示信息，尤其不会写字。运动障碍是一个概括性术语，表示运动技能和协调上的各种障碍，其中包括书写障碍。这个诊断意味着孩子很难进行书面文字工作。不管儿童诊断为书写障碍还是运动障碍都意味着他或她不善写字。书写障碍的症状主要表现在字迹潦草，但是问题远比字迹潦草复杂。男孩比女孩更可能产生书写障碍，原因有二：一是语言技能发展比女孩缓慢；二是获得小肌肉运动技能的时期也晚于女孩。有书写障碍的孩子难以组织书写思路，文字表达远远落后于口头表达，很难学会拼写和语法，一写字就感到厌倦（Dysgraphia，2007）。有此问题的人不太会协调双手同时做不同的事情，因此难以弹钢琴或演奏需要双手协同的乐器。

我本人就有严重的书写障碍，我能够证明电脑对有这类障碍的儿童是大有助益的。虽然只要我用手来写东西就感到疲惫，但我却能轻松快速地打字，只不过我得大声说出我所打出的内容，这就是为何我"写"的东西就像和你在说话。我上学时要费尽九牛二虎之力才能写出英文作文，但我的儿子，虽然和我一样有书写障碍问题，自四年级开始使用电脑以后，写起作文来就容易多了。关键是要早发现早矫治。有书写障碍的女生应该明白自己很难写出一手好字，所以应该鼓励她们去使用电脑，同时应该要求所有学生尽可能地写出端正的字体。

一味强调所有的孩子都熟练地使用电脑也可能在以后引起一些麻烦。有研究显示识别字母和字符是一项阅读所必需的技能，学习字母时将其书写下来才便于识别字母（Longcamp et al.，2008；Longcamp，Boucard，Gilhodes，& Velay，2006）。正如所有老师都知道的那样，用手写字是一种学会单词或其他知识的好办法（Naka，1998）。因此，即使我感到打字容易，但我早已认识到，我学习任何东西的好办法就是不厌其烦地将其抄写下来，纵然我的字迹很潦草。当然，要撰写有独特见解的东西，如论文或著作，电脑是我倚重的得力助手。

> **课堂教学建议**
>
> ＊虽然大部分年幼的儿童都喜欢重复性的课堂练习，但很少有人提倡教孩子练字，因此要促使校方或学区教会所有学生如何写字。
>
> ＊确保有书写障碍的学生拥有多种使用电脑的机会，因为电脑能帮助他们写出字迹工整的作业。学生被诊断出有书写障碍的时间越早，运用技术来克服书写困难的机会越多。
>
> ＊即使学生可以用电脑来完成需要长篇大论的作业，但所有学生应该具备适应课堂教学的书写技能，从而可以记简短的笔记或抄写布置的作业题目。新型的平板电脑为大部分学生记笔记提供了极大的便利，我的平板电脑已经可以认出我的大部分字迹。
>
> ＊应该帮助有书写障碍的女生学会如何利用提纲或写作格式来规范行文，这将有助于她们保持清晰的写作思路。她们通常感到写实验报告比较容易，因为写实验报告有可套用的固定格式。关键是让学生明白，当把注意力集中于一个具体的写作结构时，就会提高写作水平。

计算障碍

计算障碍就是在数学方面出现障碍。诵读障碍和书写障碍多见于男孩，但计算障碍则对女孩和男孩"一视同仁"。较近的研究表明，记忆尤其是操作记忆不良，是计算障碍的根源（Kaufmann, Lochy, Drexler, & Semenza, 2004）。但也有些研究显示，导致计算障碍的是神经心理因素而非记忆（Shalev, 2004）。正是由于现在无法断定引起计算障碍的确切原因，所以其矫治手段针对的是症状而不是病根。因此常常出现令人沮丧的一幕：教师花了大量的时间，用一对一的方式教有计算障碍的孩子学习一项具体的数学技能，孩子最后看来也掌握了这种技能。可第二天孩子又来上课时，几乎根本不记得用此技能来解类似的问题。如果把计算障碍当做一种特殊的记忆问题或心算问题，而不当做一种理解问题，那么更易理解有计算障碍的学生是可以克服学习数学时所遇到的困难的。

我能熟练地解答相当复杂的数学题，并且教授过从算术到三角函数的数学课，但是我却不能在心里算出该给女服务员的小费。我知道如何将小数转换为百分比，但我不写下具体数字就无法算出总数的百分比，所以我的手机中最有用的功能项就是小费计算器！当我得知我的数学障碍不过是记忆问题后，我坚信自己能学好数学。多年来我做减法常常出错，现在干脆用计算器查验支票簿上的账目。因此，帮助一名女生认识到她的数学计算障碍只是某种记忆缺陷或心算问题，而不是缺乏理解运算过程的能力，这可能会增强她学习数学的意愿。

课堂教学建议

* www.ldonline.org. 网站能为教师提供一些现成的方法，可以用来帮助有计算障碍学生克服学数学时遇到的难题。

*如果能尽早地将学生学习数学时遇到的困难归因为计算障碍，他们就能尽早地采用补偿方法。自出生以来，我就一直用手指数数，计算器也从不离身。所有的学生有必要认识到，熟记乘法表的口诀可以加快解题的速度。

*有计算障碍的学生一个难以改正的毛病是，当把书上或记在其他地方的算式抄到要做运算的纸面上时常常会把数字弄反了。如果学生在作业中抄错了数字，但计算过程正确，教师应该给一定的分数，这有益于增强学生学好数学的信心。

*有计算障碍的高年级学生在参加数学和科学考试时可以查阅有关公式，办法之一是让学生携带可以显示公式的图形计算器。有计算障碍的学生如果知道自己不必记住公式，就会集中注意力去做数学题，而不是试图记住公式。

综合与分析

女性之脑历来被称为综合性大脑，男性之脑则被称为分析性大脑（Baron-Cohen，2003）。两者的差别正如西蒙·巴伦 - 科恩所指出的那样："女性之脑主要用来产生共鸣，男性之脑主要用来理解与建构系统。"这意味在课堂上女孩乐意了解整体，而男孩倾向于关注部分。当向女生介绍课程内容时，注意教学效果的教师会让学生有个整体观，例如说"我们先看看课本上的目录，了解一下这学年我们要学哪些知识"。

不要忘记，学习时班上总有些女生以分析法为主，也总有些男生以综合法为主。这表明无论是否男女同班，教师在教学时应该兼顾两种方法。

课堂教学建议

*女生喜欢采取非常个性化的学习方式，这种学习方式可能非常有效，因为我们所有人都感到"投己所好"的信息较易学习。不过，教师要帮助女生将所学的内容具体化，用简单易行的方式来帮助女生理解各种事物是怎样组合在一起的。

○鼓励年幼的女孩玩搭积木的游戏。通常男孩会独自霸占积木玩具，所以要专为女孩留一些积木，让她们搭建一座玩具屋或一个微缩教室。

○让学生用瓷片拼出所展示的各种图案。马赛克拼图是一种通过关注细节而构成全貌的不错的方式。

*假如女孩总是注意完整的事物，你可以让其了解构成事物的组成部分。

○对于低年级女生，先让她们画出一张关于水循环中各环节的图，然后将反映每个环节的画面裁剪下来，再画一张大地上飘着云朵的画，最后让她们将裁剪下来的画面放在正确的位置上。

○在科学课堂上，高年级女生或许懂得某种细胞所具备的多种功能，但并不确切地了解有哪些细胞器形成了这些功能，又是如何发挥功能的。让学生画出一张含有各种细胞器的图片，并在每个细胞器旁注明其特定的功能。对那些合作才能发挥某种功能的细胞器可以做出彩色标记，以便归类。

学习差异与课堂教学

当我们学习知识时，我们每个人都以对自己来说最合理的方式把握学习机会。或许不少人认同这个观点，但并不是所有人都认同。在教学过程中，假如教师和学生获取知识的学习方式不同，那么学生就很难明白老师所教的知识。对教师来说，重要的是要依据不同的学习方式来传递知识，以使全班学生最大限度地掌握所学知识。

本书第8章介绍了一个简单的评测方法，教师可由此方法来判断学生所偏爱的学习形态。学生或许也关注这个评测结果，从而学会合理地建构适合自己的学习方式。

本章测试题答案

1. B——通常男生更可能被鉴定有常见的学习障碍，尤其有语言方面的障碍。根据近来的研究，这类鉴定结果或许与某些教师的平素看法不一致，但足以表明男孩比女孩有更多学习障碍（Linderman，Kantrowitz，Flannery，2005）。

2. C——在计算障碍和数学学习障碍方面，不存在性别差异。女孩／男孩产生计算障碍的几率相等（Lachance & Mazzocco，2006）。

3. A——5 至 17 岁的女孩与同龄男生相比，更擅长预测或确定问题，并选出解决问题的适当策略（Naglieri & Rojahn，2001）。

4. A——放学以后，女孩花较多的时间去学习。男孩更可能喜欢参与室外与室内的运动和游戏（Du，Weymouth & Dragseth，2003；National Center for Educational Statistics [NCES]，2007）。

5. B——男孩非常看重同伴群体，男孩结伴学习可以形成亲密无间的氛围，会比只随老师学习取得更好的学习成效（Honigsfeld & Dunn，2003；Pyryt，Sandals，& Begoray，1998）。

6. B——虽然男孩在同伴群体中最易取得学习成效，但他们的同伴群体往往不是以学业为重的（Van Houtte，2004）。

7. A——女孩有着优秀的校正技能。这是与感知觉速度技能有关的，女性能迅速地比较符号与图案之间的差异（Kimura，2000；Naglieri & Rojahn，2001）。

8. A——女孩更愿意检查错误、改正错误。这固然有感知速度不同的原因，但这样做的意愿或许是导致女孩抑制冲动或渴望成功的一个因素（Stumf，1998）。

9. B——男孩常采用熟知的方法解决问题，即使有的方法没有奏效，仍然会继续采取用惯的策略（Stumpf，1998）。

10. A——女孩相信学业成功取决于自己付出的努力，同时也更能切合实际地对待自己的学业进步（Tibbetts，1977）。

第七章
特殊需要之脑 [①]

埃里克·詹森

本书力图阐明什么是教育者所说的儿童之间的"差异",主要探究了大脑中两种不同的操作系统:社会性的与学术性的。掌握理解任何一个操作系统的准则有助于教师思考儿童大脑的差异。这种操作系统的理论并不深究为何有"无可救药的大脑",而只是让人理解一个有必要在学校环境中善加应用的差异理论。只要仔细琢磨两个操作系统之间的种种差异,就会发现组成每个系统的具体技能很少重叠,但可归纳出相同的基本概念——当这个系统受损后,学生就会出现障碍。

大脑的社会性操作系统

儿童的社会—情感操作系统实际上非常复杂。为了促进学生在学校的社会化进程,可以开出想多长就多长的一份清单,上面列满学生应有的各种行为、技能等。清单上所列出的某些行为,学生在学校可以很快地学会或用社会规范予以指导(例如,排队等候,双手不触碰他人,要以适当的举止回应社交暗示)。不过,学生只需少数核心技能就足以适应社会生活。

---

① 选自埃里克·詹森著:Different Brains,Different Learners:How to Reach the Hard to Teach,科文书社,2011 年。

经验可重构社会性大脑

　　虽然大脑的许多层面与各种各样的社交能力有关，但在此只聚焦于以下六个主要系统：感觉察知（sensory awareness）、社会推理（social reasoning）、心理理论（theory of mind）、眷恋与移情（affiliation and empathy）、情绪状态（emotional states）、回报评估（reward evaluation）（参见图 7.1）。逐渐形成这些系统下的各种技能，就是以终身受益的方式来强化社会性大脑。鉴于出色的社交技能属于名列前茅的人生要事，这些技能一定能为学生克服生活中的难题助一臂之力。

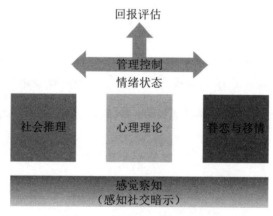

图 7.1　大脑的社会性操作系统

　　很容易就能理解这些技能的相关性：当学生有某种社交与行为问题时，就是以上六个因素中一个或多个因素达不到在校社交成功所需要的程度。这样说并不表明学生是"无可救药"的，只是意味着大脑中有助于社交成功的多种模式中有的模式未能在学校环境中发挥作用。例如，许多患有高功能阿斯伯格综合征的成人在社会上找份工作自食其力并不费尽周折，但是患有阿斯伯格综合征的孩子却难以适应需要与他人密切合作的校园生活，这是由于这些孩子的大脑不会处理社交方面的信息。然而，这也并不意味着这些孩子就不能在学校里获得成功。他们的大脑只不过是与别人的不同，而不是无可救药的。他们身上的大部分缺陷都能弥补，还可以学会新技能，在这过程中所需的无非是理解与耐心。所有孩子都能学习，要做到这一点，教育工作者必须有坚强的毅力，舍得花功夫，想出各种办法。

当社会性操作系统中某个部分功能失常时，可采取多种强化其功能的策略。

感觉察知。该功能表现在准确地感知和处理有关的社交暗示，可以通过角色扮演、直接指导、深入讨论等方式发展有关技能。

策略：上课时使用学生常见的社交场合作为研究的案例，同时鼓励学生进行小组合作学习，让他们对应该有什么样的行为各抒己见。组织全班同学观看展现某个社交场合的光碟，然后讨论光碟上反映的人们的行为以及还可能有什么不同的行为。

社会推理。该功能表现在愿意与他人一起做决定；在某个群体中获得认可；应对同伴压力效应。

策略：将教授倾听技能明确地作为合作学习活动的一部分。学生需要加入一个界限分明、管理得法的合作群体，在里面耳闻目睹社交行为的效果，并发展社会推理技能。对高年级学生（5年级以上）采用案例研究，对所有年龄阶段的学生进行直接指导。

心理理论。该功能表现在能设身处地体谅他人的难处，从而能预测他人的行为并同情他人。

策略：在语言艺术课和合作学习中开展要求作出猜想的预测活动，可以提高有关的各项技能。通过角色扮演来表现典型的学生行为和情况，并对这些行为和情况进行个案研究，也是学会预测他人心意的好办法。

眷恋与移情。该功能表现在能和他人建立牢固可靠的、心心相印的亲密关系。许多在这方面有障碍的学生都有在亲情缺失或冷漠的环境下被养大的凄惨经历。

策略：与此有关的各项技能可通过参与合作学习、组建球队或其他志同道合的团体予以提高，并通过团队规则、反馈、教师评估与同学评价加以强化。教师应教会学生如何与他人建立友谊，更重要的是教会他们如何维护友谊。

情绪状态。能管理自己的情绪状态并有目的地影响他人的情绪状态是非常重要的。有些活动持续时间长，能激发学生的浓厚兴趣，并能显示各种情绪反应，学生参与这类活动可以发展和增强管控情绪的能力。

策略：为训练大脑管控情绪的机能，可供挑选的活动包括戏剧演出、角色扮演、撰写有关人们生活的小说。此外，各项体育运动有助于学生学会控制由输赢引起的情绪，同时认清体育风格的价值。

回报评估。此功能表现在能以得体的谦让态度对社交信号做出互惠的、恰当的反应。积极的社会交往让人精神愉悦。但这种技能是后天习得的，并非与生俱来的。教师有必要以身作则，如果学生不能从"请"、"谢谢你"和许多其他的社交信号（例如微笑、握手、拥抱）中确切地感受到真情实意，他们就会漠视这些社交信号。

策略：在课堂上，教师应该为学生做示范，教会他们如何做出谦逊有礼的行为。教师不要告诉学生要做什么，而是给他们示范如何去做。在关系和睦的家庭中运用这种方法是典型的言传身教。如果在家中没有人示范的话，学生仍然可以从课堂活动中学习，例如给别人写感谢信。

正如人们所预料的，许多教师难以向学龄儿童教授社会技能。一是这种教学过程太耗费时间；二是有别于教授字义、数字、字母或星期的读法的过程；三是其组成部分繁多，包括句法（语言的规则）、语义学（非语言活动的含义和言外之意）、语用学（依据语境运用社交语言）。如果不能很好地将上述因素统筹兼顾，那么教育者很难教授社会技能。为了保证传授社交技能的过程顺利进行，可按前面讨论到的六个方面采取相应的策略。否则，学生难以在各种社交场合进行应付裕如的交流。

你会发现接下来的几个章节中所提供的策略都与这六种核心技能相关。一开始就介绍这六种技能是因为它们提供了有助于理解其他策略的框架。例如，许多学生在社会化进程中，一旦压力增加，就停滞不前，患有逆反性障碍的学生在压力增加时最易行为失常，前面所谈的控制情绪状态所要应对的就是这方面的难题。只有学会某些减压策略（挺直身躯、做深呼吸、换位思考、数到 20

再做反应等），学生才能心平气和地面对生活。

表 7.1　培养社会技能的资源

---

1. 培养社会技能的网站

http：//web.uvic.ca/~letsface/letsfaceit/index.php

http：//www.positscience.com/

http：//www.socialskillbuilder.com/howtochoose.html

http：//secondlife.com/

2. 培养社会技能的长期项目

教学小镇 TeachTown http：//web.teachtown.com/

自然环境教学（Natural Environment Teaching，简称 NET）

关键反应训练（Pivotal Response Training，简称 PRT）

前语言环境教学（Prelinguistic Milieu Teaching，简称 PMT）

棋盘游戏发明者 Boardmaker

冠军学习系统 Laureate Learning Systems http：//www.laureatelearning.com/

演讲教学 SpeechTeach

摄制影片 Picture This http：//www.picture-this.org.uk/

怎样取得最大成效

　　建立社会性操作系统是头等大事。假如一名学生每天数小时生活在穷困潦倒的家庭环境中，在学校中只接受数分钟的操作系统强化训练，那么一周中训练时间的总和也是微乎其微。在这么少的时间内是不可能产生本质上的长期效益的（当然，聊胜于无）。显而易见，改善大脑的社会性操作系统，切不可视为儿戏，自欺欺人——这是需要时间的。

　　人类的大脑极其容易受到环境的影响。在一些案例中，大脑的变化，甚至是不可逆转的变化，能够在片刻之间发生，然而这可能是由于情感、精神、身体的创伤所引发的一种改变。如果要得到积极的大脑改变，必须每天坚持用脑，至大脑所能承受的最长时间，即每天平均花费 30~90 分钟进行某项关键技能的强化训练。超出时间上限，尚无证据证明仍能受益。因为大脑一旦超负荷运转，那么所做的改变则化为乌有。

让我们以此为据来安排学校的训练时间。为使培养技能取得最大成效，学生们必须处在一种时刻可以退出训练的环境中。为何如此？如果学生不能遵循适应大脑发展的培训技能规则，就会浪费宝贵的时间。学生学得少，教师必然很沮丧。训练规则其实很简单（参见表7.2）。

表 7.2　技能培养原则

1. **学生必须：**
   参加一项活动；
   认识活动的意义；
   睡眠充足；
   聚精会神。
2. **活动必须：**
   对学生来说清楚易懂；
   能从中得到消极与积极的各种反馈；
   每天持续 30~90 分钟；
   每周 3~6 次。

然而，正如第一章中所揭示的那样，在技能培养过程中，还有不需直接教学就能提高技能的其他方式。你可以将某名学生编进学生多样化班级（譬如，全纳班），但此做法只有满足两个条件时才有用———一是在每天培养技能的过程中学生依然可以随时退出；二是该学生不会频繁地干扰班级的正常教学。此外，还可以通过某些行为矫正手段的潜移默化的作用，间接地促进学生的技能发展。在此，重述第一章所提到的由四个部分组成的系统，因为这个系统非常有效。

1. 总是对学生寄予厚望。

2. 尽量组织适用于大脑操作系统的技能训练。

3. 尽量创造多种多样的机会。

4. 确保所需的任何调整措施得以实施。

即使学校的条件、资源或政策不算理想，总可以采用上述建议中的某种干预措施。最佳干预措施，既能加快学生技能提高的进程，又能将四个部分结为一体。最佳干预措施构建的是一个真正起作用的操作系统，因为这个系统才是最持久的改变，并能影响人生的各个领域。

大脑的学术性操作系统

大脑中的学术技能系统与社会技能系统在察觉和注意方面上互有重叠，虽然两个系统并无太多的重叠部分，但毕竟有着某种连接。在学校，社会性操作系统中影响、弱化或强化大脑学术性操作系统的主要因素是人际关系、社会化和社会地位。学生为取得学业成功，需要相应的学习动机、学习决策、认知能力，而上述的每个因素每天都制约着学生在这些方面的表现。

虽然学生不必在这些领域都表现优异才能获得高分，但是他们的确需要适当的、取长补短的措施去获取成功。令人欣慰的是，大脑学术性操作系统中的每个关键环节都是可塑造的、可训练的、可改善的。

冠军（CHAMPS）的心态

我将大脑的学术性操作系统称作"冠军"，是为了使人一下子就牢牢记住大脑的这个系统。"冠军"是冠军的心态、希望、注意力、记忆力、信息处理与行为排序的缩写词。（参见图 7.2）。

现在就我们所知择要述之。学生不会安于现状，他们的成功取决于自己的学术性操作系统，而这种系统是能够更新的。例如，学生进行身体锻炼可以增加新的大脑细胞（Pereira et al.，2007），这是与学习、心情和记忆力密切相关的。下棋可以增强阅读能力（Margulies，1991）和数学能力（Cage & Smith，

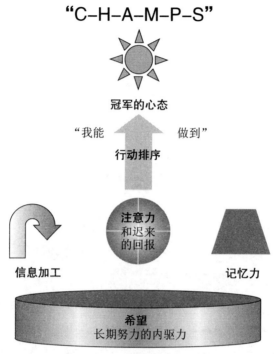

图 7.2　大脑的学术性操作系统

2000），因为下棋要求集中的注意力、强烈的取胜动机、信息处理与行动排序等技能。许多艺术学科可以提高我们的注意力和认知技能（Posner，Rothbart，Sheese，& Kieras，2008）。运用一些计算机辅助教学程序，只消数周，就能够提高注意力和操作记忆力（Kerns，McInerney，& Wilde，2001；Westerberg & Klingberg，2007），而注意力和操作记忆力的提高能大大增强学生大脑的操作系统。学生不能局限于狭窄的注意广度，与其在课堂上强迫学生多多"注意"，不如用以下策略来提高其内在的注意力。

冠军的心态。这是一种充满自信的思维方式。

策略：经常发自内心地肯定学生，鼓励学生之间相互肯定。为了促进学生学习，教师应提供工具、安排同伴协助、给学生加油打气。布置学生可快速完成的作业或任务，这无疑向学生传递这样的信息——"你能够做到！"给学生在同伴中展现个人才华的合适机会，从而提高其社会地位。

希望。希望就是坚信"明日总比今日好"。有了希望，才会有坚忍不拔的长期努力。长期努力需要有迟来的回报，只有有所希望，才有所谓回报。那些深感无能为力的学生以及学习落后的学生完全丧失了希望，但是教师能够帮助学生改变这种心境。

策略：强化师生亲密无间的关系，使学生明白可以从中得到社会援助。教师可以为学生创设体验成功的情景，提供成功人士的模范事例，教会学生如何发挥自己的想象力、如何设立积极向上的目标以及如何实现这些目标的办法。要帮助学生学会管理自己的时间，并建立备忘录来管理自己的生活，还要教会学生如何做出较适宜的抉择，给他们练习抉择的机会。同时了解他们的梦想，并让他们用画、唱、说、写等方式表达出自己的梦想。

注意技能和先苦后甜。专心并不是人类一种与生俱来的技能，与生俱来的倒是分心，注意力常常从一种新奇的事物转向另一新奇的事物。要多加练习才能将注意力持久地集中于细节，患有注意缺乏症的学生通常存在着注意力聚焦的问题。

策略：教师借助艺术课中引人入胜的内容，创设促使学生全神贯注于细节的条件，亦可通过超级趣味阅读来增强聚焦能力，还可以通过武术、跳舞、下棋、建构模型和体育运动等活动来训练学生集中注意的能力。对此有益的网站包括 http：//www.fitbrains.com/ 和 http：//www.playattention.com/。

记忆力。在学校中，好记性不仅是一项基本要求，而且是最值得珍视的才能。人们生来就有出色的长期记忆能力，可用来进行空间学习、程序与技能学习、条件反射学习，记住情感经历和对自己有意义的信息，如电话号码、兄弟姐妹和父母的名字。不过，学校的学习不仅需要长期记忆，还需要短期记忆。

策略：教师可以在班级中进行简单的"你问我答"练习，将学生编成两人一组相互问答。还可以通过重复、强调某概念的意义来增强记忆力，教给学生增强记忆的方法（例如，记忆术、提要法、挂钩法、首字母缩写法等），开发学生绘制思维导图的技能。

信息加工。信息加工是指见微知著、举一反三的能力。在微观层面上，这意味着一名学生可以处理如音位的听觉信息，处理听觉信息对于阅读来说非常重要。在宏观层面上，这意味着一名学生可以处理棘手的事情，例如，受人辱骂、与恋人分手、忘记做家庭作业等。我们全都需要了解如何处理难题，尤其是感情问题。同时我们也需要恰当地提出问题，谨慎地思考问题。患有阅读障碍或学习缓慢的学生通常存在着严重的信息加工问题。

策略：教师可以用话语指导整个教学过程中，例如，"现在我们要做……接下来我们需要做……"。教师向学生教授批判性思维和逻辑推理技能（使用专业软件有助于掌握此类技能）。教师可以提供富有挑战性的游戏，并安排固定的练习时间。还可以鼓励学生去弹奏一件乐器或参加戏剧表演班，这两种方式都能增强记忆力。让学生结伴学习，这样他们就可以发展元技能，可以通过彼此交谈了解对方的想法和行动步骤。

行动排序。行动排序是一套技能，由此人们可以按轻重缓急的次序确定一连串的行动。当为客人准备饭菜、打点行装或粉刷卧室时，都需要行动排序技能。在学校，学生需要这些技能去做家庭作业，写论文，策划自修项目，化解冲突，解数学题，拟定一日学习计划。

策略：要掌握这套技能，亲身体验和现场辅导是两位"良师"。教师要给学生提供制作实物的机会（例如做模型、纸工艺品、展品等）。对学生的每一个制作项目，教师要亲临指导，帮助学生确立目标、筹措原料，并要在学生动手前，预先讲明如何安排工作程序，如何写论文，如何解决问题等。教师还要鼓励他们从事艺术创作，因为大多数艺术创作都要求注意、期望、信息加工和行为排序上的技能。

＊　　　＊　　　＊

如果学生的这些技能没有长进，那么学校的教学工作是因循守旧的，培养出来的学生也是碌碌无为的。当教师能更新学生大脑中用于学习的操作系统，其教学必将旧貌换新颜。不论哪个学生的学术性操作系统受到损伤，包括那些有阅读障碍、数学障碍的学生以及学习缓慢的学生，教师都可从本书中学到改进和完善的办法。本书谈到的形形色色的学习问题，治本之道还是在于强化学生大脑的学术性操作系统。学生大脑的学术性操作系统越强大，学生所取得的学习成绩就会越出色。

第三编

与各类大脑契合的教学策略

第八章
舒缓大脑的策略 [①]

迈克尔·斯卡丹

学习者要精熟任何知识都会感到巨大的压力！

人类大脑的功能，首先是确保生存，其次是满足情感的需要，再次是**认知学习**（Carter，1998）。虽然在课堂上某些压力可作为激励学生学习的动力，可高压必须降至最低程度时，大脑才可能进行认知学习（Dispenza，2007；Howard，2000）。

高压是学习的障碍。感到高压的信号先传递到大脑中做出"逃避或应对"反应的中心——杏仁核，从而减少通向丘脑的信息流量，而丘脑接收的是除嗅觉外的所有感觉信息的地方（Howard，2000；Kutolak，1997）。

压力减少了流向前额皮质的血量，而前额皮质是主管判断与决策的中心（Jensen，2006；Sapolsky，1998）。 这就是为什么对压力的反应往往不是逻辑导向而是情绪导向的产物。这也是为什么每当问身处压力下的人为何举止失常时往往得到的是语无伦次的回答。或许他们的确不知道自己为何有乖戾的行为，只是觉得当时迫于形势就得做出那样的反应。

高压的消极影响包括：

·损害了记忆力

---

① 选自迈克尔·斯卡丹著：40 Engaging Brain-Based Tools for the Classroom，科文书社，2009 年。

- 降低了把握分寸的能力

- 增加了死记硬背的行为

- 破坏了免疫系统

- 加速了衰老进程

- 削弱了发散思维的能力

另外，少数民族和社会底层群体比常人更多地感受到高压（Barr，1997；Carter，1998；Howard，2000；Sapolsky，1998）。

教师与其把自己当做一个教书的人，不如把自己看成调节课堂"氛围"的人。如果课堂的氛围是温馨可人的，那么就会提高积极学习的发生率。

要调节课堂的氛围，教师可以这样做——

传授减压技巧：

- 每天可以预先做些舒缓心情的"热身活动"，如学生可组成对各种问题自由发言的"闲聊圈"，边聊边摆弄各种手控玩具。

- 介绍简便的按摩手法，学生可先从揉捏自己的或朋友的肩膀开始（有些学校可能认为这种做法不合适，但有些学校的教师发现这是一个很有效的减压方法）。

- 练习呼吸技巧，如练瑜伽或者太极。

- 在草坪上散步，要赤脚以减少静电。

- 喝纯净水，特别是在运动和操作电脑之后。

- 聆听柔和的音乐。

- 使用有利于心态平静的言语。

- 允许不愿意阅读的学生阅读时把弄手指头以减轻压力。

做出示范行为：

- 亲切地招呼前来上课的学生。

- 专门留出认真听取学生倾诉的时间，从始至终不打断学生的话语。

- 每天上课前要通过小测验、思维导图、讨论、总结或自主评论等形式来复习前一天的功课。大脑由此易于形成前后贯通的认知模式和关系而不是孤立分割的零散事实。这种方法使学生有机会联系到贯穿于每天或每课概述之中的主题，能够在不同的学习环境之间建立牢固而清晰的联系，这有助于提高学生的理解能力，并减轻学习压力。杜绝对学生的讽刺、嘲笑和责骂，这些都是造成大脑压力的原因。受屈辱的窘境所造成的身心压力令人有生不如死的感觉（Sapolsky，1998）。

- 对布置的任务，要给学生完成任务所需的足够时间和提供相关的资源。
- 要概述授课内容，这使惯于"大处着眼"的学生有机会从所需的"全貌"中认识授课进程如何发挥作用。
- 务必使学生明白要他们学习的是什么内容，学习有关内容时可用何种方法，如何测评自己的学习成就，如何把所学到的知识和技巧用到实际生活当中。
- 给学生提供活动身体和用手操作物品的机会，如玩"苦思球"（koosh balls）[①]。
- 允许学生用他们喜欢的方式学习，展现不同类型的智力的学习成果。

压力人人各不同，彼此释负宽可颂。

当我到一所学校初任教职时，该校采用与脑契合的教学手段已经蔚然成风，成效显著。我一开始就认准，每天早上学生相互按摩肩膀必定对班上 11~13 岁的学生起到重大作用。尽管有很多学校认为这样的做法不合适，可得到家长和学生的同意后，我校就极力推广这种做法（学生相互按摩肩膀时必须要有教师在场）。最初学生还显得扭扭捏捏，可现在这已成为每天再正常不过的常规仪式。

[①] 一种橡胶玩具球。——译者注

　　一旦有其他活动打扰了学生通常的早间肩膀按摩，就更可看出这是一种为学习做好充分准备的方法，学生准会要求在当天午后安排按摩肩膀的活动，通常是在午饭后开始的"专心阅读"课中学生相互按摩肩膀。

　　随着按摩手法日趋多样，还添加了反思的成分，相互按摩的学生要告诉对方哪种按摩手法最合适以及为什么。身为教师我要履行的职责是，每天平心静气地向学生讲明当天的学习要求，由此学生也初步了解了如何设置所欲实现的个人目标。相互按摩成为学生每天要自我负责地予以实现的要求之一，由此确保他们通过令人舒心的触摸、反思和目标设置构建一个相互帮助的环境。

　　要在教室中实行与脑契合的教学，校方准予的按摩是可供采用的重要工具。这种做法是改变死气沉沉的学习的重要因素，它鼓励学生之间进行温柔体贴的触摸，将舒缓心情和激励人心融为一体，犹如一首为课堂氛围定下和谐基调的乐曲，还可用来拆除与某些群体有关的社会障碍。你可以想象一下，如果每天以按摩开始，你是什么样的心情。

资料来源：Simon Drewery，New Zealand.

大脑中的"复习"

　　输进的是信息，

　　输出的是学识。

　　输进的是反思，

　　输出的是见识。

　　努力触类旁通，

　　及时学以致用，

　　学习就要如此。

　　复习伴以反思，

　　启示学习目的。

复习伴以反思，

学习就要如此。

这是我为"学会如何学习"项目写的"复习歌"的第一段歌词。不管学什么，要想学得好，复习和反思都是至关重要的。因此，教师的教学过程也要时时注意让学生进行复习和反思。

1.教师要向学生讲明自己所珍视的价值观，并要时时提醒学生务必实践这些价值观。教师要定期向学生阐明"为了恪守价值观，什么是自己必须做的，什么是自己绝不会做的"。教师要与其他成人讨论有关问题，这样就会渐渐地增多可告诉学生的价值观。人们常常认识不到竟然会有那么多需要实践的价值观。我建议，教师可将这些价值观一一笔录下来，以方便以后复查。教师也可将这些价值观写进一张便于在教室中展现的表格中，在表格中还可添加全班共同认可的价值观。

2.在开学后第五个周末，教师让学生复习已学过的知识，对学生态度上任何可喜的变化都一一点明，这会使教学工作受益匪浅。

3.邀请社会知名人士到班上讲演，这事一旦开了头，教师必须坚持每周都安排特邀演讲者，使之成为课堂文化中不可缺少的成分。教师可先尝试安排不定日子，不同风格的嘉宾讲演，待摸清每周何日讲演、何种风格的讲演适合于自己的学生后，再形成行之有效的常规。

4.每天或每周让学生在学习日志上阐明"别人尚不知自己已经掌握的东西"，使之逐渐替代记述"自己尚不掌握的东西"。用这种方法，学生可以清楚地看到自己每天或每周的具体学习成果，以及自己经学习而改变的过程。

学习联系实际，

矫治多种陋习。

输进的是乐曲，

塑造的是形体。

自评还需他评，

学习就要如此。

复习伴以反思，

启示学习目的。

复习伴以反思，

学习就要如此。

第九章
激活大脑的策略 [①]

玛西亚·塔特

做什么：联系现实生活

如果某个学生总是翻来覆去地问教师："为什么我们非得学这个不可？"很可能这个学生并不是故意要贫嘴，即使他存心嘲讽教师也不应该痛加斥责。如果人脑的作用就是让人在世上生存，那么，当学生看不到自己的所学与自己的世界之间有何联系时，必然要提出上面的问题。教师要给予的答案其实很简单：向学生表明所教的东西与学生实际生活之间的联系。

例如，如果我要使小学生掌握"要点"与"细节"的概念，不妨采用"桌面"与"桌腿"的比喻，以下面的话作为上课的"挂钩"：

同学们，看看我们教室里的课桌，桌面是由四条桌腿支撑起来的。我们要阅读的故事的要点也是通过故事中的细节支撑起来的。让我们画一张有四条腿的桌子。一旦我们找到故事的要点，就把它写在桌面上，然后，我们去找支撑要点的四个细节，把每个细节写在桌腿上。

在初中和高中上关于"要点"的课，可以用下面的话作为"挂钩"：

---

① 选自玛西亚·塔特著：Shouting Won't Grow Dentrites：20 Techniques for Managing a Brain-Compatible Classroom，科文书社，2007 年。

同学们，你们有不少人都用手机给朋友发过短信吧？今天要探讨的，就是你们为什么有必要识别或形成表述要点的话语。不用说，你们给朋友发短信时，你们其实发的就是"要点"，你们不会给朋友发出说明要点的很多细节，因为这样就花冤枉钱了。今天我们来读几段课文，然后再读几篇故事，里面都表述了要点或"短信"，我们务必把它找出来。待我们熟悉了"要点"的概念，我们也能构思自己的要点。那时，我们就相互用短信发出自己独出心裁的要点。

以这样的开场白开始上课，说不准一下子就吸引了大多数学生的注意，减少了学生捣乱课堂的管理问题。

在《光做习题长不出树突》（Worksheet Don't Grow Dendrites）（Tate，2003）这本书中，共有二十条可有效促进大脑发育的策略，说这些策略有效，是因为它们揭示了人类获得和记忆信息的各种方法。有几个策略是与学以致用直接有关的，有校外考察旅行、手工操作、实验室工作、自修项目导向或问题导向教学、技术应用、半工半读。现在我们来逐一考察这些策略对学以致用的重要性。

当学生进行校外考察旅行时，要去和所学内容密切相关的现场。世界上最杰出的教师，如苏格拉底和亚里士多德，都曾把实地考察作为主要的教学手段（Krepel & Duvall，1981）。在某一学习单元开始时，就让学生到校外考察旅行，及早与现实世界联系能加深对所学内容的记忆和理解。时至今日，教师还可以有一个选择：利用现代技术开展虚拟校外考察旅行。

当学生进行手工操作、创制模型、做实验、从事实验室工作时，他们就在用双手联系现实世界，这也是学生为什么常常在抽象计算前借助手指来计算。一位学化学的学生可能很难通过客观性纸笔测验，但从事化学课所要求的实验室工作却得心应手。实验室工作帮助学生亲身体验当今化学家所做的实事。可在美国的许多课堂中，实验室工作仅占20%左右，这难道不令人百思不解吗？

开展联系现实世界的自修项目，解决现实生活中的问题，能激发学生的主动学习，减少被动学习（Silver，Strong，& Perini，2000）。我确信，教师一定还记得自己以前在学校参加过的自修项目。我就对此记忆犹新：有一次，先从我家街对面的小溪里取些水，然后装进奶瓶里带到学校，到校后从瓶中挤出一滴置于显微镜下，这样我们就能观察肉眼看不到的草履虫。当学生解决各种现实问题时，也就更能看清楚课程与现实之间的联系。

美国劳工部获取必要技能委员会报告（SCANS，1991）指出，如果高中生要为进入职场做好充分准备，应用技术的能力则是他们必须具备的关键能力之一。尽管使用现代技术是提高教学效率的重要手段，但把它作为唯一手段则会引发不少问题。SCANS 报告所列举的关键能力中还包括人际关系，如果学生在学校没有受到过这方面训练的话，他们难以形成职场所需的社交技能。使用促使学生主动参与的策略还基于当今的现实：学生老是坐着用电脑，玩游戏，看电视，形成了久坐的生活方式，结果二型糖尿病发病率急剧增加。

半工半读、学徒培训、实习、见习等都是促使学生主动学习并深刻理解课程的意义和实用性的有效工具，还可由此减少出现行为问题的频率。在全美各地的非传统学校，即使那里的多数学生通常是因有严重的违反纪律的行为而被传统学校停学或开除的，半工半读看来还是适宜的教学方式。当我在这些学校任教时，我看到学生不是在种菜养花，就是在做饭烧菜。一旦学术知识与实际工作融为一体，所有学生都受益匪浅。

为何做：理论依据

要激发学生的学习动机，必须使学生意识到学校所教的学科，如：阅读、数学、自然科学等，都是必不可少的、值得学习的（Sprenger，2005）。

当学生积极地参与文科或理科的自修项目、解决问题的活动、角色扮演、模拟训练时，大脑的思考能力都能得到增强（Feinstein，2004）。

当新学的知识联系到相关的实际问题时，就增加了记住新知识的概率（Sprenger，2005）。

当学生看不出学习和现实生活的相关性时，他们就不会再去学习，并会感到厌烦或感到压力（Tileston，2004）。

教学中考虑学生的兴趣，有助于保证学生将所学的标准化内容用在现实生活之中（Feinstein，2004）。

学生所要学习的知识或所要完成的任务是否与他们本人有关系，是否有必要去学或去做，直接影响到学生的自我系统（他们的态度、信念和情感）（Tileston，2004）。

当我们传授新知识给学生时，他们的大脑就试图把以前储存的信息模式和这些新知识建立联系。如果没有这样的联系，这些新知识可能很快就被忘掉（Sprenger 2005）。

要求学生设立具体的个人学习目标，并要经常采取措施确保学生努力实现这些目标（Tileston，2004）。

学习内容的实用性、有趣性、可选性和真实性是激发青少年主动学习的重要条件（Beamon 2001）。

学业与职业相互联系的教学计划有助于学生顺利地完成从学校到职场的过渡，因为这些计划使学校教学活动切合实际（Thiers 1995）。

怎么做：课堂中的实践

· 上新课时教师要开门见山地告诉学生要学什么，为何要学。如果教师讲清楚要学的内容与学生个人生活之间的联系，学生明白了其中的道理，就会专心听课。

· 上课时一遇到适当的时机，教师就要用现实生活的例子来说明所讲的知识点。把课程内容与现实实例相互联系，可以激发学生的动机和兴趣。

· 让学生参加联系实际的自修项目，这不仅有助于学生记住所学内容，而且有助于教师将多种教学目标集合于一个项目而同时实现。比如，教师给学生布置一个自修项目：创办反映南北战争的报纸，并同学生一起商定检视办报质量的规程。每份报纸都应该包括标题、署名、目录、配图特写、社论、广告、治安报道。学生通过办报不仅可以表明对南北战争的理解，也可以从中了解报纸的各个组成部分的作用。

• 带学生进行校外考察旅行，要去使所学内容与现实世界相联系的场所，但是教师常常耽搁了去实地考察的时机，越早进行实地考察，越能凸显学习的实用性，使学生将所学与现实世界相联系。我至今仍然记得我读小学时参加的一次校外考察旅行，去听由亚特兰大交响乐团主办的"年轻人音乐会"。就是因为去听了这个享有盛名的年度音乐会，直到现在，我仍然喜欢各种各样的音乐。

• 半工半读不仅减少了学生的捣乱行为，而且使心智水平不一的学生都明白如何学以致用。例如，有些学生因不能在常规学校环境中取得学业成功，常常转入非传统学校，在那儿得边读书边干活，或接受在岗培训。事实证明，学生在从事实际工作中才能学会如何去做实际工作，职业学院或"有效中学"计划都能因势利导让学生边干边学。学徒培训、实习、见习、教学实习都是帮助学生理解并巩固知识和技巧的有效途径。让学生求教某领域的专家，由专家安排学生的半工半读活动，教师则可暂退一旁，仔细观察学生如何学习。

• 学生对某一学科感兴趣，就邀请相关的专家到学校给学生举办专业讲座。对本专业情有独钟的演讲人常常增长了学生对某一学科的见识，还可能激励学生刻苦钻研这一学科，以便以后从事以此学科为基础的职业。

思考题

我打算怎么样把课堂学习与现实生活相互联系？

目标 / 标准：_____

联系现实生活：_____

目标 / 标准：_____

联系现实生活：_____

目标 / 标准：_____

联系现实生活：_____

目标 / 标准：_____

联系现实生活：_____

第十章
吸引大脑的策略 [①]

玛西亚·塔特

做什么：以图示意

不管是叫做概念图、心智图、语义图，还是称为词网图、导引图，这些以图示意的工具都是试图增强学生理解能力的教师的得力助手。因为以图示意既适用于左脑优势的学生，也适用于右脑优势的学生，从而使所有的学生都受益。绘制图形时，左脑发达的学生可以充实说明性的词语，而右脑发达的学生则可以用图形表明自己的所知。教师在解释主要概念及其相关的具体细节时，可以要求学生随着自己一起绘制有关的图形。

当我给其他教师讲《光做习题长不出树突》时，就借用一幅"神经元"图作为导引图或心智图来说明与脑兼容的课堂的五个要素。五个主要概念写在方框里面，与主要概念有关的细节则写在方框下面，主要概念和细节都用彩色标出（参见下图）。当我讲完这部分内容时，教师都了解到，最好的课堂是学生积极参与学习的课堂——学生相互议论、通过身体活动掌握教学内容、将各种概念联系起来、积极思考和有明确的学习目的。

---

① 选自玛西亚•塔特著：Worksheets Don't Grow Dentrites：20 Instructional Strategies That Engage the Brain，科文书社，2010 年。

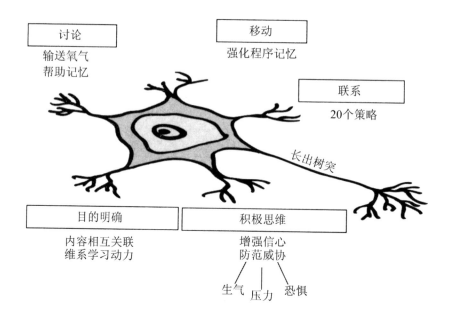

讨论
输送氧气
帮助记忆

移动
强化程序记忆

联系
20个策略

长出树突

目的明确
内容相互关联
维系学习动力

积极思维
增强信心
防范威协

生气　压力　恐惧

为何做：理论依据

　　＊以图示意是激发思维和促进学习的有效工具，表现在四个方面：（1）以具体的形态表明抽象的信息；（2）描绘事实与概念之间的关系；（3）将要学的知识与已学的知识相互联系；（4）理顺写作或解决问题的思路（Ronis，2006）。

　　＊以图示意、循序渐进、温故知新等都是经研究证实的改善师生沟通的技巧（Deshler & Schumaker，2006）。

　　＊导引图是非语言的表达形式，也是教师让学生呈现他们已学知识时最受欢迎的方式之一（Marzano 2007）。

　　＊通过学生在学习某一单元前制作的模型或绘制的心智图，教师能纠正学生对以前所学知识的误解，向学生拾遗补缺地阐明先前的知识（Jensen 2007）。

＊思维导图是一种表达意象的特殊形式，即以图文配套的方式帮助学生一目了然地看到各种概念之间的联系以及这些概念与中心思想之间的联系（Sousa，2006）。

＊让学生绘制思维导图或概念图是重要的教学策略，能帮助学生充分理解并学到大部分新内容（Budd，2004）。

＊导引图不仅能吸引学生的注意力，还能提高学生的理解力和记忆力（Sousa 2007）。

＊如果老师允许学生按易于理解的格式（如思维导图）来梳理自己的思路，学生学习时的畏难情绪就可能一扫而空（Goldberg 2004）。

＊因为大脑记住图形比记住文字容易，导引图是组成认知模式的有效工具之一（Feinstein 2004）。

＊导引图能够帮助英语学习者弄清文词与观念之间的联系，因此也有助于他们理解数学运算中的模式和关系（Coggins，Kravin，Coates，& Carrol 2007）。

＊概念图是导引图的一种，集视觉活动与语言活动为一体，从而提高学生对具体概念与抽象概念、语言概念与非语言概念的理解能力（Sousa 2006）。

＊导引图是非常有效的教学工具，因为这能使学生将相关资料分解成他们所能理解和掌控的若干知识片或知识块（Gregory & Parry，2006）。

＊流程图、演变图、矩阵图、维恩图、概念图、解题图等都是数学老师可以善加利用的导引图，因为这些图令人一看就懂，还能提供综合新信息的框架（Posamentier & Jaye，2006）。

＊当导引图用来把文字化为图形时，不论是左脑优势的学生，还是右脑优势的学生，都可以使用这些图掌握全面知识（Gregory & Parry，2006）。

怎么做：教学活动示例

教学对象：小学生、初中生、高中生

教学时间：授课前与授课后

教学领域：所有科目

教师教完某一教学单元后，要让学生复习已学的知识并总结有关内容，详尽地填充 K-N-L 导引图。为此要学生讨论或思考以下问题：（1）对某一概念或教学单元已知的是什么？（2）要理解这个概念还需要知道的是什么？（3）经过教学后学到的是什么？

K–N–L 导引图		
知识点：		
我已经知道（know）什么	我还需要 (need) 知道什么	我学到 (learned) 了什么

资料来源：选自 Worksheets Don't Grow Dendrites：20 Instructional Strategies That Engage the Brain，Second Edition by Marcia L.Tate.Thousand Oaks，CA：Corwin(www.corwin.com).

教学对象：小学生、初中生、高中生

教学时间：授课期间

教学领域：所有科目

因为大脑是通过语义群进行思考的，用词网图可以提升学生识记词汇的能力。当学习某一生词时，可让学生填充下面所示的词网图：学生通过集思广益的讨论，不断地增加这个生词的同义词。学生可把这个词网图记在笔记本中以便随时复习，并在整个学年期间添加同义词。教师要鼓励学生把这些词用在言谈和写作当中。

词网

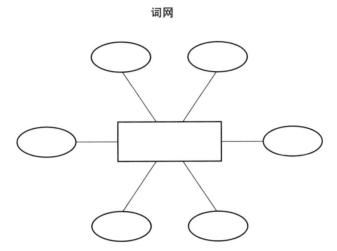

资料来源：选自 Worksheets Don't Grow Dendrites：20 Instructional Strategies That Engage the Brain，Second Edition by Marcia L.Tate.Thousand Oaks，CA：Corwin(www.corwin.com).

教学对象：小学生、初中生、高中生

教学时间：授课后

教学领域：所有科目

学生读完一篇故事或者小说后，要找出学生遇到了哪些必须解决的问题。让学生填写下面的故事图，以便查明他们是否理解了故事内容。

故事图

篇名：_____

背景：

人物：_____　_____

　　　 _____　_____

　　　 _____

问题：

事件 1 _____

事件 2 _____

事件 3 _____

事件 4 _____

解决办法：

资料来源：选自 Worksheets Don't Grow Dendrites：20 Instructional Strategies That Engage the Brain，Second Edition by Marcia L.Tate.Thousand Oaks，CA：Corwin(www.corwin.com).

教学对象：小学生、初中生、高中生

教学时间：授课期间

教学领域：所有科目

为了帮助学生辨识故事或各科课文中的主旨和细节，让他们填写下面的导引图。这将有助于学生认识到主旨必须要由可作为佐证的各种细节来阐明。

主旨与细节

细节

┃

主旨

资料来源：选自 Worksheets Don't Grow Dendrites：20 Instructional Strategies That Engage the Brain，Second Edition by Marcia L.Tate.Thousand Oaks，CA：Corwin(www.corwin.com).

教学对象：小学生、初中生、高中生

教学时间：授课期间

教学领域：所有科目

使学生认清故事或各科课文中所表示的因果关系，让学生填写下面的导引图，这有助于他们理解每个行为都有一个随之而来的结果。

原因与结果

资料来源：选自 Worksheets Don't Grow Dendrites：20 Instructional Strategies That Engage the Brain，Second Edition by Marcia L.Tate.Thousand Oaks，CA：Corwin(www.corwin.com).

教学对象：小学生、初中生、高中生

教学时间：授课期间

教学领域：所有科目

让学生填写下面的导引图，看看他们是否把握了文本中某个人物的特征，是否能在文本中找到记述或说明这个人物特征的证据。

人物特征

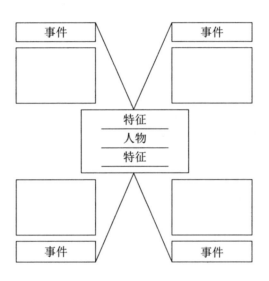

资料来源：选自 Worksheets Don't Grow Dendrites：20 Instructional Strategies That Engage the Brain，Second Edition by Marcia L.Tate.Thousand Oaks，CA：Corwin(www.corwin.com).

教学对象：小学生、初中生、高中生

教学时间：授课期间

教学领域：所有科目

让学生填写下面的导引图，以便确认故事或学科课文中所表示的各个事件的发生顺序，并表明一个事件是怎样导致另一事件的发生。

先后顺序

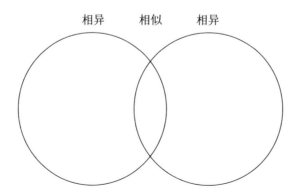

资料来源：选自 Worksheets Don't Grow Dendrites：20 Instructional Strategies That Engage the Brain，Second Edition by Marcia L.Tate.Thousand Oaks，CA：Corwin(www.corwin.com).

教学对象：小学生、初中生、高中生

教学时间：授课期间

教学领域：所有科目

使用下面的维恩图，让学生比较和对照故事或学科课文中的两个或更多的人物及事件。

比较与对照

相异　　相似　　相异

资料来源：选自 Worksheets Don't Grow Dendrites：20 Instructional Strategies That Engage the Brain，Second Edition by Marcia L.Tate.Thousand Oaks，CA：Corwin(www.corwin.com).

教学对象：小学生、初中生、高中生

教学时间：授课期间

教学领域：所有科目

在讲授或与学生讨论课本中的概念时，要向学生展示一幅语义图、概念图或心智图，从而使学生明白课本中主要概念之间的相互关系。教师逐一讲解图中的各个部分，让学生随着教师的讲解在笔记上画出这幅图。下面是一个可以参照的样本。

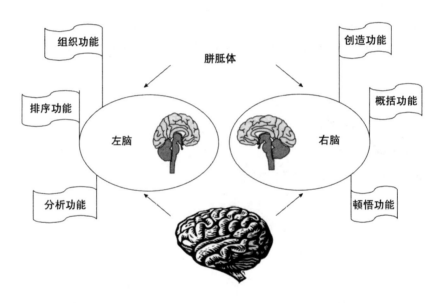

资料来源：选自 Worksheets Don't Grow Dendrites：20 Instructional Strategies That Engage the Brain，Second Edition by Marcia L.Tate.Thousand Oaks，CA：Corwin(www.corwin.com).

教学对象：小学生、初中生、高中生

教学时间：授课后

教学领域：所有科目

一旦教师向学生演示了如何做的过程，就要鼓励学生针对每个学习单元自己绘制语义图、概念图或心智图。只凭这种方法就能增强学生的理解力，因为

他们可在考试前不断地复习这些心智图，从而有助于形成长期记忆。

教学对象：小学生、初中生

教学时间：授课前、授课中、授课后

教学领域：所有科目

参考《开发大脑：导引图与其他直观教学策略》丛书，找到可用于语言艺术、数学、科学和社会研究等学科教学的更多的导引图。详情请查看网站：www.corwin.com 。

反思与应用

我怎样把各种导引图用于教学来开发学生的大脑？

标准 / 目标＿＿＿＿＿＿＿＿＿＿＿＿＿＿＿＿＿＿＿＿＿＿＿＿＿

活动＿＿＿＿＿＿＿＿＿＿＿＿＿＿＿＿＿＿＿＿＿＿＿＿＿＿＿＿

标准 / 目标＿＿＿＿＿＿＿＿＿＿＿＿＿＿＿＿＿＿＿＿＿＿＿＿＿

活动＿＿＿＿＿＿＿＿＿＿＿＿＿＿＿＿＿＿＿＿＿＿＿＿＿＿＿＿

标准 / 目标＿＿＿＿＿＿＿＿＿＿＿＿＿＿＿＿＿＿＿＿＿＿＿＿＿

活动＿＿＿＿＿＿＿＿＿＿＿＿＿＿＿＿＿＿＿＿＿＿＿＿＿＿＿＿

标准 / 目标＿＿＿＿＿＿＿＿＿＿＿＿＿＿＿＿＿＿＿＿＿＿＿＿＿

活动＿＿＿＿＿＿＿＿＿＿＿＿＿＿＿＿＿＿＿＿＿＿＿＿＿＿＿＿

标准 / 目标＿＿＿＿＿＿＿＿＿＿＿＿＿＿＿＿＿＿＿＿＿＿＿＿＿

活动＿＿＿＿＿＿＿＿＿＿＿＿＿＿＿＿＿＿＿＿＿＿＿＿＿＿＿＿

标准 / 目标＿＿＿＿＿＿＿＿＿＿＿＿＿＿＿＿＿＿＿＿＿＿＿＿＿

活动＿＿＿＿＿＿＿＿＿＿＿＿＿＿＿＿＿＿＿＿＿＿＿＿＿＿＿＿

标准 / 目标＿＿＿＿＿＿＿＿＿＿＿＿＿＿＿＿＿＿＿＿＿＿＿＿＿

活动＿＿＿＿＿＿＿＿＿＿＿＿＿＿＿＿＿＿＿＿＿＿＿＿＿＿＿＿

资料来源：选自 Worksheets Don't Grow Dendrites：20 Instructional Strategies That Engage the Brain，Second Edition by Marcia L.Tate.Thousand Oaks，CA：Corwin(www.corwin.com).

第十一章
振奋大脑的策略 [1]

埃里克·詹森

本章要点:

◆在甜美的音乐中学习

　•音乐在课堂中的作用

◆激发课堂活力

　•如何对学生使用打气活动

　　生活中的起起伏伏困扰着我们的大脑。我们一觉醒来,迷迷糊糊地不想动弹,待头脑清醒后开始活跃起来;吃完午饭感到昏昏欲睡,困劲过去又再次活跃起来。人类的生物钟调节着睡眠与活动的周期,要不是在学校上课的所有时间里都要求学生全神贯注的话,这样的周期对学生来说从来不是一个问题。学生或许想在白天多打几次盹养养神,但是教师则想要学生始终如一地聚精会神。如果教师没有一些给学生提神的行之有效的策略,这的确是一个难以应对的挑战。本章所谈的就是如何激发和保持学生的活力。音乐和打气活动是提高学生兴奋劲儿的两大工具。

---

① 选自埃里克·詹森著:Super Teaching : Over 1000 Practical Strategies,科文书社,2009 年。

在甜美的音乐中学习

调查结果显示音乐会影响听者的情感、呼吸系统、心跳频率、身体姿态和心理表象，这些影响可以使一个人的心态和生理机能发生显著的变化。如果教师改变了学生的心态，很快就会看到他们行动的改变。音乐对集体教学发挥着不可思议的作用：激发学生的学习热情、促进学生小组的合作、舒缓学生的心情、激发学生原来的体验、增强学生之间的友善关系，营造适当的学习氛围、促使学生开动脑筋、增加学习的趣味和魅力。

音乐是不是只属于上音乐课的课堂呢？绝对不是！上任何课都有使用音乐的各种方法。这样的机会比比皆是，譬如，你曾是通过字母歌学习字母的，或通过民歌学到了很多单词和短语，或通过儿歌学到了待人处世的礼节、礼貌、社会性技能。在你成长的过程中，你时常会因某首歌曲联想到某个场合、某种感情或某个人物。这是因为倾听音乐和演奏音乐是很好的学习方法。

课堂中使用音乐的好处
• 使学生更快速更深刻地记住学习内容，如学唱"字母歌"
• 使学生面临压力或心中沮丧时舒缓心情
• 使全班心态平和，专注
• 使全班振奋精神，共同行动
• 使学生友善和谐，配合默契
• 给全班注入新的活力
• 使全班赏识本班独特的文化价值观念
• 在学生感到痛苦时给予慰藉
• 使学生开开心心地转换思维模式

- 激活大脑的思考功能，大幅度提高学业成绩
- 能缓和班级同学间剑拔弩张的紧张局势
- 使烦躁的学生安静下来
- 刺激右脑活动，并激活大脑的更多部位
- 促使学生精力集中
- 促进学生的创造力
- 减轻教师的压力
- 构建一道音屏，使学生听不到令其分心的噪音

音乐在课堂中的作用

儿童与音乐息息相通，可很多的课堂并不把音乐作为学习工具。大多数孩子（以及许多成人），一旦下了课、上了车，或进了家，第一件事就是迫不及待地听音乐，来给自己放松心情、振奋精神、调整心态，总而言之，音乐使他们感到其乐无穷。既然如此，为什么学校不把音乐更多地用在课堂上呢？我们从视觉出发把教室的墙壁装饰得五光十色，那么为何不能调动或利用其他感觉，如听觉或动觉呢？若要使学习环境更适合于学生，令儿童恋恋不舍，那就用音乐来推动学习进程吧。

如何使用音乐

每个学生有自己喜爱的音乐，教师倒也不必全都了然于心。这里我们简略地考察一些如何巧用音乐的规则。当我决定要采用哪支乐曲时，脑海里会考虑以下的问题：

- 接下来的学习任务或活动是什么？
- 我最希望学生有什么样的反应（平静、兴奋、嬉闹、专注还是放松）？

• 学生在完成任务的过程中需要交谈吗？（在个人潜心做功课时用器乐，在小组活动时用歌曲）

• 教室中最主要的文化种类是什么？

• 在学生中流行的音乐和电影是什么？

• 音乐的哪一部分会帮助我完成任务？

众所周知，任何音乐都有某种"步调"。因此，为课堂选择音乐时首先要考虑乐曲的节拍（如每分钟有多少拍子）。节拍会影响到心率和呼吸，而心率和呼吸是决定心情与感觉的两个最重要的因素。一般说来，教师选用的音乐应该是器乐，有时也可选用某些流行音乐，不过流行音乐主要用于课间休息或者特殊场合（比如生日、庆典、表扬等）。

如何使音乐在课堂中发挥最大作用是一种需要随机应变的过程，关键是根据具体的教学任务选择与之匹配的音乐。如果教师对此能先做到心中有数，当要使用音乐时就不至于犹豫不决。下面列举一些教师可能用到的音乐类型：

• 巴洛克式音乐或者古典音乐（用于学生做案头作业或课堂讨论时）

• 召唤性音乐（传统歌曲用于提醒学生课间休息后回到教室、举行消防演习、吃午餐，或开始上课）

• 经典的节奏蓝调（用于自娱歌唱会）

• 经典的摇滚乐（用于加快做事的速度）

• 告别性音乐（用于孩子放学回家时）

• 快节奏声乐（通俗歌曲用于无需交谈的教学活动时）

• 快节奏器乐（用于加快身体活动）

• 柔和的新世纪音乐（用于做课堂作业时）

• 欢快的新世纪音乐（用于专题讨论时）

• 老歌曲（用于自娱歌唱会或做事时）

• 缓慢的器乐（用于要学生舒展身体时）

• 电视剧主题曲（例如，学生要完成高难度作业时可用《碟中谍》的主题曲，在学生自办的知识竞赛中可用《双重危机》的主题曲）

・世界各民族的流行音乐（用于了解各种文化时）

音乐可以作为学习过程中的"良师益友"。教师要时刻注意并慎重对待"当下"的课堂氛围，音乐可以提高、维系或降低学生的兴奋劲儿。如果刚刚经历了一段令人心烦意乱的学习过程，那就不用播放音乐或使用与忧郁氛围吻合的低沉曲调，如果刚刚过去的是一场令人兴高采烈的学习活动，那就使用与激昂氛围相配的欢快乐曲。对学生来说，音乐应该像应情应景的小夜曲那样沁人心脾（有时还可能引人遐思），绝不要像不速之客那样突如其来。

使用多少音乐

如果你不是音乐教师（要是音乐教师，使用音乐自然是上课的重头戏），要"精打细算"地使用音乐。音乐用得越多，学生就越习以为常。他们可能听烦了你播放的那些歌曲，也开始对你的课不理不睬。因此，使用音乐要讲究策略。在每个课时，我用 10% ～ 30% 的时间播放音乐，选的乐曲大多是可在学生伏案做作业时播放的器乐。如果上课时，你因一时大意在可放音乐时却没有备用的乐曲，那就是值得警惕的信号了，或许这时你只有滔滔不绝地讲下去了。请记住，备用的乐曲多一些，你讲的就可少一些。当学生进行独自学习、搭伴学习或小组学习时，你可趁机筹划接下来该播放什么样的乐曲。

切合实际地使用音乐

教师要密切关注学生的反应。告诉学生要用音乐来推动他们的学习，使用音乐时要慢慢地调节音量的大小，这样可以使学生的耳朵较易适应。正如人的眼睛是逐渐地适应强光的，如果教师渐渐地增加音量，就不会使学生有震耳欲聋的感觉。

教师要善于听取学生的意见。如果学生想要听自己中意的音乐，要定下两条规矩：其一，教师必须预先审查，以确保该音乐符合班上的价值观念和信念；其二，教师决定使用该音乐的时间和方式。教师还可利用互联网的便利条件，譬如，借助谷歌搜索引擎，键入学生推荐的歌曲名，几秒钟后就可以听到该歌曲。如果教师觉得这首歌曲不合适，就不要播放。但是教师一定要告诉推荐该歌曲的学生，说自己感谢这个建议，并询问是否还有可推荐的其他乐曲。关键是要将音乐作为维系师生沟通的桥梁，而不是作为显示师生爱好不同的途径。要用音乐营造欢乐和谐的气氛，音乐本身就是形成团队精神的强度粘合剂。

如果有学生抱怨说音量太大，那教师就把音量调低一点，并且要让学生看到教师这样做。抱怨的学生或许是一个听觉敏感的人，如果是这样的话，那就调整他或者她的座位，离正在播放的音乐远一点，或者学生只是需要有段适应音量的时间，那就不必挪动座位。教师一定要认可和关注学生的各种需要，并鼓励学生随时提出自己的要求。教师一定要向学生讲明使用音乐的道理——为什么要播放这首歌，它是怎么帮助学习的，并要使学生明白，他们随时都可调整自己的座位。

听到合适的音乐，心旷神怡

听到不合适的音乐，心烦意乱

www.jensenlearning.com

让课堂充满活力

课堂的"打气活动"是指费时少、耗力多且简便易行的身体活动，其形式可分为个人活动、搭伴活动、小组活动，或是小队活动、全班活动。开展这些活动能使学生受益良多，其中的一个好处就是有助于学生提高记忆力。原因何在呢？快速的身体运动可催生体内的"兴奋剂"，包括去甲肾上腺素和肾上腺素，两者都是记忆的"定影剂"。另外，身体的肝脏处储存着葡萄糖（糖原），身体一活动就触发了释放糖原的"扳机"。这对提高记忆力很重要，因为较高浓度（但不能过浓）的糖原促进了记忆的形成。要使打气活动行之有效，就得计划周密、套路合适、坚持不懈、井然有序。教师不妨考虑以下问题：你最近开展的打气活动是什么？从头到尾是怎样进行的？

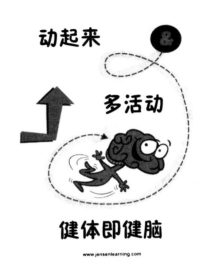

打气活动是指引学生进行某种身体活动的大致路数。对学生而言绝无所谓"坏"的打气活动，但要注意使这些活动适合于学生的年龄。例如，用于小学生的打气活动，如果要用于青少年，就得将其改造一番：加大活动的难度，加快或放缓活动的速度，变换活动的形式等。如果教师对创设打气活动已经计穷虑尽的话，那么求助于学生，他们通过集思广益，有可能每周都能提出一个新的打气活动。

教师要牢牢记住，一些学生可能会有特殊需要。对那些有注意缺乏障碍、学习障碍、听觉障碍或感知障碍的孩子，如果不在教室张贴指引活动的指令示意图或使指令简易明了，他们就难以弄懂这些指令。教师可用手势发出指令，但是要记住每次只发出一个指令。有些孩子患有阿斯伯格综合征，就难以进行一些需要处理社会信息的活动，比如，要通过察言观色来推测他人的真实意图。教师要记住，对每项活动都要考虑周全以确保对所有学生都起作用。如果某项活动达不到这样的效果，就要予以改进，或者给某些学生布置专门的任务，使他们以另外的方式参与到活动中去。

如何对学生使用打气活动

要向全班提供丰富多彩的打气活动。如果教室的空间非常有限，那就进行原地站立或坐着就可开展的活动。某项打气活动，只要需要就决不要否决，要做的是进行必要的调整（比如，降低活动的剧烈程度、缩短活动的时间等）。学生只有保持饱满的学习热情，才能持之以恒地进行学习，不然无聊和疲惫就成为追求知识的两大敌人。

发出正确的指令

我们大多数人从来不用有人来教如何发出指令，我们总是自以为是地发出指令。因此，每当我们急需群情激昂的时候，得到的却是乱糟糟的场面，人们或是稀里糊涂，或是群起抵制，要不然就无动于衷。在开展打气活动时，为了给出无可挑剔的指令，教师每次都要套用下列的程式：

1. 要用一个引发活动的"导语"——说明"为何"活动。
2. 确定活动开始的具体时间——明确"何时"活动
3. 一以贯之地使用某个"启动"单词或动作——表明活动由此开始。
4. 一个一个地给出具体的指令——表明活动内容和活动方式
5. 检查学生是否乐意参与活动——教师由此可准确判断活动是否有效
6. 再次使用同一个启动单词——表明活动再次开始。

现在，我们详细说明上述各个步骤中的细节。第一步是教师用一个导语来说明即将进行的打气活动，使学生的注意力从前面进行的教学活动迅速地转到打气活动上来。不要以为每个学生都已为这种突然转向做好了准备，新奇的导语有助于学生马上明白为什么他们要进行与之前不同的活动。对小学一年级学生，教师可以说："噢，我刚想到一个好主意！"这时所有孩子的脑袋肯定都会齐刷刷地转向教师，迫不及待地想知道：究竟是个什么好主意。对待中学生，教师得有不同的招数，比如，举起一只手问全班学生："你们有多少人愿意暂时放下学习，玩一下稀奇古怪的东西。这么多人啊。那就请某某小队马上登台为我们展示他们的打气活动。"面对成年人，教师可以说："你们有多少人注意到，你们的座椅不符合人体工程学原理，坐起来让人有点不舒服，那赶快舒展一下手脚吧。"

第二步是规定活动开始的具体时间。这点很重要，因为如果教师不先这样做，而是直接发出指引活动的具体指令，一些学生可能在你还未讲完的时候就离开座位按照指令活动起来。这会干扰活动的有序进行，因为这些学生可能根本没有领会指令。确定活动的具体时间，教师可以说："从现在起 10 秒后开始。"（绝不要少于 10 秒或多于 30 秒，因为这是使我们产生急迫感的时限）教师希望学生马上集中注意力，因为要争分夺秒地开展活动。

第三步是总是使用同样的启动单词或动作，比如教师规定："当我说'跑！'时就开始……"或者"当我播放音乐时就开始…"这就形成了一种心理暗示，让学生一听到这个单词或看到这个动作大脑马上就做出反应。总是用同样的单词或者短语，教师也不必为每次活动而回想前次活动使用了哪个启动单词。

第四步是给出指引活动的具体指令，但指令要逐个发出。差不多每个指令都有各式各样的执行步骤，但教师不要图省事把所有步骤一下子全盘托出。如果学生都已站立停当，教师可以发出指令："请你们朝任何方向迈出 10 大步。"请注意，这样的指令是允许学生做出自我选择——允许自我选择的确高明，因为学生更乐意去做那些让他们自己拿主意的事情。不过，如果每个学生最后都与自己的最好朋友比肩而立怎么办呢？如果教师认为这种结果不利于开展活动，就要想法补救，但不要训斥学生，不妨说"嘿，那么多人和最好的朋友当邻居"，再随机应变地添加一个步骤，"妙极了！现在，每个同学与自己的邻居背对背，再迈出 7 大步"，这样教师用不着责怪学生就能使他们各自散开。

虽然我说过要一个一个地下指令，但总会遇到许多意想不到的问题。例如，有时某些学生可能需要按自己的节奏开展活动，有时指令过于复杂，翻来覆去地示意"停止"或"启动"，反而极大地干扰了活动。为解决这个问题，教师可以使用配套挂图、白色书写板、幻灯片等将所有的指令顺序呈现在每个同学的眼前，这样学生不用教师多费口舌就可以看着指令进行活动了。

第五步很关键，否则最周详的计划也可能不得不草草收场。教师要查明学生是否乐意参与活动。一般来说，教师发出第一个指令后和没让学生"开始"前的这段时间，学生通常有三种情绪状态，在此可称作准备状态的 ABC：

A 指期待（anticipation）：学生身体前倾，双手放在膝盖上——这意味着他们已经准备就绪。如果教师看到班里大多数学生都是这个姿势，那么表明他们都在翘首以待第二步——教师说出那个启动单词。

B 指冷漠（backing off）：其中的一个表现就是学生仰靠在椅背上，不停地翻着白眼——这意味着他们对教师所说的置若罔闻。要想让他们听进教师的话，教师就得改进说明活动的方式，并给一个为何要"奉令行事"的更充足的理由。

C 指迷惑（confusion）：学生眉头紧锁，茫然四顾，向同学问东问西——这意味着他们对教师的指令不甚了了。教师这时就得再次发出指令，不过发指令时，或是简化它，或是复述它，或是换种说法。

最后，就该轮到第六步，即发指令步骤中的最后一步。教师说出先前确定的启动单词。要说得要铿锵有力，并挥动手臂与之配合，就像喊出赛跑口令："各就各位，预备——跑！"

推荐几个打气活动

抛球活动：五到七个学生站成一圈，面对面的同学相隔差不多 2~3 米。一个学生拿着球（或者一团纸或者豆子袋），将球传给另一个学生开始游戏。活动的内容可以是任何事情，包括你问我答、续编故事、发表贺词、词语接龙、考查数学和地理常识等。要使活动节奏快，花样多，玩起来轻松愉快。学生要严格遵守确定的活动规则：（1）传球之前要先叫接球人的名字并直视对方；（2）把球抛得高于对方的头部；（3）不要把球传给你左边或者右边的人，只能传给对面的人。

快乐拍掌活动：教师先拍一下掌或拍打出某个节奏，学生依次学你的样。当全班都做完后，最前面的学生开始拍打出新的节奏，其他学生再依次模仿。学生不断地听到或重复有节奏的声音，有利于加强记忆力和音乐才能。

亦步亦趋活动：小组长站在前面，带头做出各种动作，其他组员则跟着模仿。小组长可以做出任何动作，如表演、跳舞、走路、慢跑、随意摆动，其他的人都要照做。

奉命行事活动：全班同学都站好，指定一个人当"西蒙"，所有人都只能做西蒙所指定的事情。西蒙发出指令时，有时会先说"西蒙说"，有时则不用这个套语。要不徐不疾地进行活动，如果有学生做错了，仍可继续参与活动。在这个活动中要让每个人都是赢家，所以无人会出局。有各种各样的奉命行事活动：例如，可作为"听力游戏"，因为要听懂各种指令；可作为"认人游戏"，西蒙一点出某人的名字，就要指出、说出或面向那个人；可作为"地理游戏"，如"西蒙说指出……方位"；可作为"数学游戏"，如"西蒙说用你们的身体表示出5+6的答案；可作为"语言学习游戏"，如"西蒙说指出 su boca 或者 su mano；可作为"科学游戏"，如"西蒙说指出这个房间里有 20 多年但不到 50 年历史的钢铁 / 玻璃 / 塑料 / 制品"。

走动触摸活动：让学生站起来排成队，走动着触摸 5 件金属制品，4 件玻璃制品，3 件木质制品，2 件皮革制品，1 件橡胶或塑料制品。物品之间必须至少相隔 3 米。触摸的物品可以依不同的学科而不同：比如，在数学课上——触摸按直角、圆柱、立方体、长方形、长度、高度划分的物品；在科学课上——触摸按质地、颜色、重量、流体、固体划分的物品；在历史课上——触摸代表某段历史时期的物品；在英语课上——触摸可以用来组成一个句子的物品，触摸可代表双关语的物品，触摸必须要大写的物品；在经济学课上——触摸按价值、成本高低划分的物品。一旦学生触摸了所有的物品，就可以坐下来了。

＊　　＊　　＊

众所周知，调适学生的心理状态非常重要，调适的办法数不胜数，本章关注其中的两种办法：使用音乐和打气活动。使用音乐时必须考虑下列问题：学生即将面临的学习任务或活动是什么？教师希望从学生那儿得到最佳的情绪或身体反应是什么？学生在完成任务的过程中需要口头交流吗？班级的主要文化是什么？班上学生中流行的音乐和电影是什么？选择什么样的音乐会帮助教师完成教学任务？

学生长时间坐着难以维持他们的学习劲头，为解决这个问题，打气活动必不可少：让学生站起来，动起来！教师要牢记：某种打气活动的成败往往系于你的指导是否得当。你不必去学众多的打气活动，能活学活用几个就行（知道随机应变地改换它们的形式）。

　　教师若想不再为那些无精打采的学生而犯愁的话，那就用音乐和打气活动焕发他们身心的激情和活力吧。

思考题

- 你对本章内容有何感想？
- 本章内容中有哪些可实际应用于你现在的学习任务当中？
- 本章内容中你想记住的是什么？

作者简介

大卫·苏泽（David A. Sousa）：男，本书主编，教育学博士，现为教育神经系统学国际顾问，他曾为中小学和大学主持过上百个关于大脑研究与科学教育的研讨班。

谢丽尔·范斯坦（Sheryl Feinstein）：女，南达科他州苏福尔斯市的奥古斯坦那学院的副教授，在该学院教育系任教。

阿比盖尔·诺佛里特·詹姆斯（Abigail Norfleet James）：女，教育学博士，曾在多所男校或女校任教，专门研究按性别特点进行教学的发展心理学和教育心理学。

埃里克·詹森（Eric Jenson）：男，曾在大、中、小学任教，1981 年与他人共同创办全美最早、规模最大的与脑契合学习项目，现在已有五万多人完成该项目的学业。

帕梅拉·内维尔斯（Pamela Nevills）：女，从事过多种教学与教育管理工作，主要研究领域为大脑研究与儿童或成人学习之间的关系。

迈克尔·斯卡丹（Michael A. Scaddan）：男，任校长期间，积极推行与脑契合的学习，现为专职学习顾问，为多个国家的教学改革出谋划策，并任泰国政府教育顾问。

罗伯特·西尔维斯特（Robert Sylwester）：男，俄勒冈大学荣誉退休教授，主要研究领域为科技新成果在教育上的应用，撰写了 20 多部专著，发表了 200 多篇学术论文。

玛西亚·塔特（Marcia L.Tate）：女，教育学博士，主要从事成人培训工作，曾教过来自世界各地的 35000 多名学员，现与丈夫共同开办心智发展咨询公司。

参考文献

第一章

Arbib, M. A. (2005). From monkey-like action recognition to human language: An evolutionary framework for neurolinguistics. *The Behavioral and Brain Sciences, 2*, 105–124.

Balu, D. T., & Lucki, I. (2009, March). Adult hippocampal neurogenesis: Regulation, functional implications, and contribution to disease pathology. *Neuroscience & Biobehavioral Reviews, 33*, 232–252.

Bateman, B., Warner, J. O., Hutchinson, E., Dean, T., Rowlandson, P., Gant, C., . . . Stevenson, J. (2004). The effects of a double blind, placebo controlled artificial food colorings and benzoate preservative challenge on hyperactivity in a general population sample of preschool children. *Archives of Diseases in Childhood, 89*, 506–511.

Bauerlein, M. (2011). Too dumb for complex texts? *Educational Leadership, 68*, 28–32.

Beatty, J. (2001). *The human brain: Essentials of behavioral neuroscience.* Thousand Oaks, CA: Sage.

Brannon, E. M., & van der Walle, G. (2001). Ordinal numerical knowledge in young children. *Cognitive Psychology, 43*, 53–81.

Butterworth, B. (1999). *What counts: How every brain is hardwired for math.* New York: Free Press.

Centers for Disease Control and Prevention. (2010). *U.S. obesity trends.* Available online at www.cdc.gov

Dehaene, S. (2010). The calculating brain. In D. A. Sousa (Ed.), *Mind, brain, & education: Neuroscience implications for the classroom* (pp. 179–198). Bloomington, IN: Solution Tree Press.

Deng, W., Aimone, J. B., & Gage, F. H. (2010). New neurons and new memories: How does adult hippocampal neurogenesis affect learning and memory? *Nature Reviews Neuroscience, 11*(5), 339–350.

Devlin, K. (2000). *The math gene: How mathematical thinking evolved and why numbers are like gossip.* New York: Basic Books.

Diamond, J. (1992). *The third chimpanzee: The evolution and future of the human animal.* New York: Harper Perennial.

Diamond, M., & Hopson, J. (1998). *Magic trees of the mind: How to nurture your child's intelligence, creativity, and healthy emotions from birth through adolescence.* New York: Dutton.

Dosenbach, N. U., Nardos, B., Cohen, A. L., Fair, D. A., Power, J. D., Church, J. A., . . . Schlaggar, B. L. (2010). Prediction of individual brain maturity using fMRI. *Science, 329*, 1358–1361.

Gazzaniga, M. S., Ivry, R. B., & Mangun, G. R. (2002). *Cognitive neuroscience: The biology of the mind* (2nd ed.). New York: Norton.

Geday, J., & Gjedde, A. (2009). Attention, emotion, and deactivation of default activity in inferior medial prefrontal cortex. *Brain and Cognition, 69,* 344–352.

Goldberg, E. (2001). *The executive brain: Frontal lobes and the civilized mind.* New York: Oxford.

Grall, T. (2009). *Custodial mothers and fathers and their child support: 2007.* Washington, DC: U.S. Census Bureau.

Kitamura, T., Mishina, M., & Sugiyama, H. (2006). Dietary restriction increases hippocampal neurogenesis by molecular mechanisms independent of NMDA receptors. *Neuroscience Letters, 393*(2–3), 94–96.

Korol, D. L., & Gold, P. E. (1998). Glucose, memory, and aging. *American Journal of Clinical Nutrition, 67,* 764S–771S.

Lieberman, B. (2005). Study narrows search for brain's memory site. *Brain in the News, 12,* 4.

Luciana, M., Conklin, H. M., Hooper, C. J., & Yarger, R. S. (2005). The development of nonverbal working memory and executive control processes in adolescents. *Child Development, 76,* 697–712.

MacLean, P. D., *The triune brain in evolution: Role in paleocerebral functions.* New York: Plenum Press.

Medina, J. (2008). *Brain rules.* Seattle, WA: Pear Press.

Meerlo, P., Mistlberger, R. E., Jacobs, B. L., Heller, H. C., & McGinty, D. (2009). New neurons in the adult brain: The role of sleep and the consequences of sleep loss. *Sleep Medicine Reviews, 13,* 187–194.

Millichap, J. G., & Yee, M. M. (2003). The diet factor in pediatric and adolescent migraine. *Pediatric Neurology, 28,* 9–15.

Monk, C. A., Trafton, J. G., & Boehm-Davis, D. A. (2008). The effect of interruption duration and demand on resuming suspended goals. *Journal of Experimental Psychology: Applied, 14*(4), 299–313.

National Governors Association. (2005). *2005 Rate Your Future Survey.* Washington, DC: Author. Available online at http://www.nga.org

Oberman, L. M., Hubbard, E. M., McCleery, J. P., Altschuler, E. L., Ramachandran, V. S., & Pineda, J. A. (2005). EEG evidence for mirror neuron dysfunction in autism spectrum disorders. *Cognitive Brain Research, 24,* 190–198.

Pancsofar, N., & Vernon-Feagans, L. (2006). Mother and father language input to young children: Contributions to later language development. *Journal of Applied Developmental Psychology, 27,* 571–587.

Paus, T. (2005). Mapping brain maturation and cognitive development during adolescence. *Trends in Cognitive Sciences, 9,* 60–68.

Pereira, A. C., Huddleston, D. E., Brickman, A. M., Sosunov, A. A., Hen, R., McKhann, G. M., . . . Small, S. A. (2007). An in vivo correlate of exercise-induced neurogenesis in the adult dentate gyrus. *Proceedings of the National Academy of Sciences USA, 104,* 5638–5643.

Pulvermüller, F. (2010). Brain embodiment of syntax and grammar: Discrete combinatorial mechanisms spelt out in neuronal circuits. *Brain and Language, 112,* 167–179.

Reiss, D., Neiderheiser, J., Hetherington, E. M., & Plomin, R. (2000). *The relationship code: Deciphering genetic and social influences on adolescent development.* Cambridge, MA: Harvard University Press.

Restak, R. M. (2001). *The secret life of the brain.* Washington, DC: Dana Press.

Rideout, V. J., Foehr, U. G., & Roberts, D. F. (2010). *Generation M2: Media in the lives of 8- to 18-year-olds.* Menlo Park, CA: Kaiser Family Foundation.

Smith, M. A., Riby, L. M., van Eekelen, J., & Foster, J. K. (2011). Glucose enhancement of human memory: A comprehensive research review of the glucose memory facilitation effect. *Neuroscience & Biobehavioral Reviews, 35,* 770–783.

Squire, L. R., & Kandel, E. R. (1999). *Memory: From mind to molecules.* New York: W. H. Freeman.

Steinberg, L. (2005). Cognitive and effective development in adolescence. *Trends in Cognitive Sciences, 9,* 69–74.

Sünram-Lea, S. I., Dewhurst, S. A., & Foster, J. K. (2008). The effect of glucose administration on the recollection and familiarity components of recognition memory. *Biological Psychology, 77,* 69–75.

Taras, H. (2005). Physical activity and student performance at school. *Journal of School Health, 75,* 214–218.

Yazzie-Mintz, E. (2010). *Charting the path from engagement to achievement: A report on the 2009 High School Survey of Student Engagement.* Bloomington, IN: Center for Evaluation and Education Policy.

第二章

Ramachandran, V. S. (2006). Mirror neurons and the brain in a vat. *Edge: The Third Culture.* Retrieved May 6, 2010, from http://www.edge.org/3rd_culture/ramachandran06/ramachandran06_index.html.

Ratey, J. (with Hagerman, E.). (2008). *Spark: The revolutionary new science of exercise and the brain.* New York: Little, Brown and Company.

Rizzolatti, G., & Sinigaglia, C. (2007). *Mirrors in the brain: How our minds share actions and emotions.* Oxford, UK: Oxford University Press.

第三章

Angelo, T., & Cross, K. P. (1998). *Classroom assessment techniques: A handbook for college teachers* (2nd ed.). San Francisco: Jossey-Bass.

Bangert-Drowns, R., Kulik, C. C., Kulik, J. A., & Morgan, M. (1991). The instructional effect of feedback in test-like events. *Review of Educational Research, 61*(2), 213–238.

Bloom, F. E., Beal, M. F., & Kupfer, D. J. (Eds.). (2006). *The Dana guide to brain health.* Available from www.dana.org

Carney, R. N., & Levin, J. R. (2000). Mnemonic instruction, with a focus on transfer.

Journal of Educational Psychology, 92(4), 783–790.

Elkind, D. (1978). Understanding the young adolescent. *Adolescence, 13*, 127–134.

Epstein, H. T. (2001). *An outline of the role of brain in human cognitive development. Brain and Cognition, 45*(1), 44–51.

Giedd, J., Blumenthal, J., Jeffries, N. O., Castellanos, F., Liu, H., Zijdenbos, A., et al. (1999). Brain development during childhood and adolescence: A longitudinal MRI study. *Nature Neuroscience, 2*(10), 861–863.

Giedd, J. N., Castellanos, F. X., Rajapakse, J. C., Vaituzis, A. C., & Rapoport, J. L. (1997). Sexual dimorphism of the developing human brain. *Progress in Neuro-Psychopharmacology & Biological Psychiatry, 21*(8), 1185–1201.

Koepp, M. J., Gunn, R. N., Lawrence, A. D., Cunningham, V. J., Dagher, A., Jones, T., et al. (1998, May 21). Evidence for striatal dopamine release during a video game. *Nature, 393*(6682), 266–268.

Marzano, R., Pickering, D., & Pollock, J. (2001). *Classroom instruction that works: Research-based strategies for increasing student achievement.* Alexandria, VA: Association for Supervision and Curriculum Development.

Mason, M. (1998). *The van Hiele levels of geometric understanding.* Retrieved April 26, 2009, from www.coe.tamu.edu/~rcapraro/Graduate_Courses/EDCI%20 624% 20625/EDCI%20624%20CD/literature/van%20Hiele%20Levels.pdf

Neimark, E. D. (1975). Intellectual development during adolescence. In F. D. Horowitz (Ed.), *Review of child development research* (Vol. 4, pp. 541–594). Chicago: University of Chicago Press.

Raz, N., Gunning-Dixon, F., Head, D., Williamson, A., & Acker, J. D. (2001). Age and sex differences in the cerebellum and ventral pons: A prospective MR study of healthy adults. *American Journal of Neuroradiology, 22*(6), 1161–1167.

Schneider, B. H., & Younger, A. J. (1996). Adolescent-parent attachment and adolescents' relations with their peers. *Youth and Society, 28*(1), 95–108.

Sousa, D. A. (2003). *How the gifted brain learns.* Thousand Oaks, CA: Corwin.

Spear, L. P. (2000). The adolescent brain and age-related behavioral manifestations. *Neuroscience and Biobehavioral Reviews, 24*(4), 417–463.

Wang, A., & Thomas, M. (1995). Effects of keywords on long-term retention: Help or hindrance? *Journal of Educational Psychology, 87*, 468–475.

第四章

Allen, J. (2009, March 19–21). *Real kids, real books, real reading, real results.* Presentation given at the Illinois Reading Council Conference, Reading! Engage! Excite! Ignite! Springfield, IL.

Bell, N. (1991). *Visualizing and verbalizing for language comprehension and thinking.* San Luis Obispo, CA: Gander.

Carter, R. (1998). *Mapping the mind.* Berkeley: University of California Press.

Joshi, R. M., Treiman, R, Carreker, S., & Moats, L. C. (2009). How words cast their spell: Spelling is an integral part of learning the language, not a matter of memorization. *American Educator, 32*(4), 6–16, 42.

Juel, C., & Deffes, R. (2004). Making words stick: What research says about reading. *Educational Leadership, 61,* 30–34.

Keller, T. A., & Just, M. A. (2009, December 10). Altering cortical connectivity: Remediation-induced changes in the white matter of poor readers. *Neuron.* Retrieved July 21, 2010, from http://www.psy.cmu.edu/news/news_2009_12_10.pdf.

McCollough, A. W., & Vogel, E. K. (2008). Your inner spam filter: What makes you so smart? Might be your lizard brain. *Scientific American Mind, 19*(3), 74–77.

Nevills, P., & Wolfe, P. (2009). *Building the reading brain* (2nd ed.). Thousand Oaks, CA: Corwin.

Nolte, J. (2002). *The human brain: An introduction to its functional anatomy* (5th ed.). St. Louis, MO: Mosby.

Poldrack, R. A., & Rodriguez, P. (2004). How do memory systems interact? Evidence from human classification and learning. *Neurobiology of Learning and Memory, 82,* 324–332.

Shaywitz, S. (2003). *Overcoming dyslexia: A new and complete science-based program for reading problems at any level.* New York: Alfred A. Knopf.

Sylwester, R. (2005). *How to explain a brain: An educator's handbook of brain terms and cognitive processes.* Thousand Oaks, CA: Corwin.

第五章

Ashcraft, M. H. (1995). Cognitive psychology and simple arithmetic: A review and summary of new directions. *Mathematical Cognition, 1,* 3–34.

Brannon, E. M. (2005, March). The independence of language and mathematical reasoning. *Proceedings of the National Academy of Sciences, 102,* 3177–3178.

Dehaene, S. (1997). *The number sense: How the mind creates mathematics.* New York: Oxford University Press.

Dehaene, S., Spelke, E., Pinel, P., Stanescu, R., & Tsivkin, S. (1999, May). Sources of mathematical thinking: Behavioral and brain-imaging evidence. *Science, 284,* 970–974.

Devlin, K. (2000). *The math gene: How mathematical thinking evolved and why numbers are like gossip.* New York: Basic Books.

Griffin, S. (2002). The development of math competence in the preschool and early school years: Cognitive foundations and instructional strategies. In J. M. Rover (Ed.). *Mathematical cognition: A volume in current perspectives on cognition, learning, and instruction* (pp. 1–32). Greenwich, CT: Information Age Publishing.

Ischebeck, A., Zamarian, L., Siedentopf, C., Koppelstätter, F., Benke, T., Felber, S., et al. (2006, May). How specifically do we learn? Imaging the learning of multiplication and subtraction. *NeuroImage, 30,* 1365–1375.

Micheloyannis, S., Sakkalis, V., Vourkas, M., Stam, C. J., & Simos, P. G. (2005, January 20). Neural networks involved in mathematical thinking: Evidence from linear and non-linear analysis of electroencephalographic activity. *Neuroscience Letters, 373,* 212–217.

Miller, K., & Paredes, D. R. (1990). Starting to add worse: Effects of learning to multiply on children's addition. *Cognition, 37*, 213–242.

第六章

Barnett, M. A., Quackenbush, S. W., & Sinisi, C. (1996). Factors affecting children's, adolescents', and young adults' perceptions of parental discipline. *Journal of Genetic Psychology, 157*(4), 411–424.

Baron-Cohen, S. (2003). *The essential difference: The truth about the male and female brain*. New York: Basic Books.

Benenson, J. F., & Heath, A. (2006). Boys withdraw more in one-on-one inter-actions, whereas girls withdraw more in groups. *Developmental Psychology, 42*(2), 272–282.

Buck, G., & Ehlers, N. (2002). Four criteria for engaging girls in the middle level classroom. *Middle School Journal, 34*(1), 48–53.

Carreker, S. (2004). *Dyslexia: Beyond the myth*. Retrieved April 25, 2007, from http://www.ldonline.org/article/277.

Cattaneo, Z., Postma, A., & Vecchi, T. (2006). Gender differences in memory for object and word locations. *Quarterly Journal of Experimental Psychology, 59*(5), 904–919.

de Goede, M., Kessels, R. P. C., & Postma, A. (2006). Individual variation in human spatial ability: Differences between men and women in object location mem-ory. *Cognitive Processing, 7*(Suppl. 1), 153.

Du, Y., Weymouth, C. M., & Dragseth, K. (2003, April 21–25). *Gender differences and student learning*. Paper presented at the annual meeting of the American Educational Research Association, Chicago, IL.

Dysgraphia. (2007). Retrieved April 25, 2007, from http://www.ncld.org/index.php?option=content&task=view&id=468.

Geffen, G., Moar, K. J., Hanlon, A. P., Clark, C. R., & Geffen, L. B. (1990). Performance measures of 16- to 86-year-old males and females on the audi-tory verbal learning test. *Clinical Neuropsychologist, 4*(1), 45–63.

Geiger, J. F., & Litwiller, R. M. (2005). Spatial working memory and gender differ-ences in science. *Journal of Instructional Psychology, 32*(1), 49–57.

Halpern, D. F. (2000). *Sex differences in cognitive abilities* (3rd ed.). Mahwah, NJ: Lawrence Erlbaum.

Honigsfeld, A., & Dunn, R. (2003). High school male and female learning-style similarities and differences in diverse nations. *The Journal of Educational Research, 96*(4), 195–207.

Horton, N. K., Ray, G. E., & Cohen, R. (2001). Children's evaluations of inductive discipline as a function of transgression type and induction orientation. *Child Study Journal, 31*(2), 71–93.

James, A. N. (2007). *Teaching the male brain: How boys think, feel, and learn in school*. Thousand Oaks, CA: Corwin.

Jones, M. G., Brader-Araje, L., Carboni, L. W., Carter, G., Rua, M. J., Banilower, E., et al. (2000). Tool time: Gender and students' use of tools, control, and authority. *Journal of Research in Science Teaching, 37*(8), 760–783.

Kaufmann, L., Lochy, A., Drexler, A., & Semenza, C. (2004). Deficient arithmetic fact retrieval—storage or access problem? *Neuropsychologia, 42*(4), 482–496.

Kimura, D. (2000). *Sex and cognition.* Cambridge, MA: A Bradford Book/The MIT Press.

Lachance, J. A., & Mazzocco, M. M. M. (2006). A longitudinal analysis of sex differences in math and spatial skills in primary school age children. *Learning & Individual Differences, 16*(3), 195–216.

Lawton, C. A., & Hatcher, D. W. (2005). Gender differences in integration of images in visuospatial memory. *Sex Roles, 53*(9–10), 717–725.

Linderman, J., Kantrowitz, L., & Flannery, K. (2005). Male vulnerability to reading disability is not likely to be a myth: A call for new data. *Journal of Learning Disabilities, 38*(2), 109–129.

Longcamp, M., Boucard, C., Gilhodes, J. C., Anton, J. L., Roth, M., Nazarian, B., et al. (2008). Learning through hand- or typewriting influences visual recognition of new graphic shapes: Behavioral and functional imaging evidence. *Journal of Cognitive Neuroscience, 20*(5), 802–815.

Longcamp, M., Boucard, C., Gilhodes, J. C., & Velay, J. L. (2006). Remembering the orientation of newly learned characters depends on the associated writing knowledge: A comparison between handwriting and typing. *Human Movement Science, 25,* 646–656.

Maccoby, E. E. (1998). *The two sexes: Growing up apart, growing together.* Cambridge, MA: Harvard University Press.

Naglieri, J. A., & Rojahn, J. (2001). Gender differences in planning, attention, simultaneous, and successive (pass) cognitive processes and achievement. *Journal of Educational Psychology, 93*(2), 430–437.

Naka, M. (1998). Repeated writing facilitates children's memory for pseudocharacters and foreign letters. *Memory and Cognition, 26*(4), 804–809.

National Center for Educational Statistics (NCES). (2007). *Percentage of students from kindergarten through eighth grade participating in weekly nonparental afterschool care arrangements: 2005.* Washington, DC: U.S. Department of Education.

Pomerantz, E. M., & Ruble, D. N. (1998). The role of maternal control in the development of sex differences in child self-evaluative factors. *Child Development, 69*(2), 458–478.

Pyryt, M. C., Sandals, L. H., & Begoray, J. (1998). Learning style preferences of gifted, average-ability, and special needs students: A multivariate perspective. *Journal for Research in Childhood Education, 13*(1), 71–76.

Seitsinger, A. M., Barboza, H. C., & Hird, A. (1998, April 13–17). *Single-sex mathematics instruction in an urban independent school.* Paper presented at the annual meeting of the American Educational Research Association, San Diego, CA.

Shalev, R. S. (2004). Developmental dyscalculia. *Journal of Child Neurology, 19*(10), 765–770.

Stumpf, H. (1998). Gender-related differences in academically talented students' scores and use of time on tests of spatial ability. *Gifted Child Quarterly, 42*(3), 157–171.

Tibbetts, S. L. (1977). Sex-role stereotyping and its effects on boys. *Journal of the NAWDAC, 40*(3), 109–111.

Van Houtte, M. (2004). Why boys achieve less at school than girls: The difference between boys' and girls' academic culture. *Educational Studies, 30*(2), 159–173.

Vuontela V., Steenari, M. R., Carlson, S., Koivisto, J., Fjallberg, M., & Aronen, E. T. (2003). Audiospatial and visuospatial working memory in 6–13 year old school children. *Learning and Memory, 10*, 74–81.

第七章

Cage, B., & Smith, J. (2000). The effects of chess instruction on mathematics achievement of southern, rural, black secondary students. *Research in the Schools, 7*(1), 19–26.

Kerns, K. A., McInerney, R. J., & Wilde, N. J. (2001). Time reproduction, working memory, and behavioral inhibition in children with ADHD. Child *Neuropsychology, 7*, 21–31.

Margulies, S. (1991). *The effect of chess on reading scores.* New York: American Chess Federation.

Pereira, A. C., Huddleston, D. E., Brickman, A. M., Sosunov, A. A., Hen, R., McKhann, G. M., et al. (2007). An in vivo correlate of exercise-induced neurogenesis in the adult dentate gyrus. *Proceedings of the National Academy of Sciences of the United States of America, 104*, 5638–5643.

Posner, M., Rothbart, M. K., Sheese, B. E., & Kieras, J. (2008). How arts training influences cognition. In C. Asbury & B. Rich (Eds.), *Learning, arts, and the brain: The Dana Consortium report on arts and cognition* (pp. 1–10). New York: Dana Press.

Westerberg, H., & Klingberg, T. (2007). Changes in cortical activity after training of working memory—A single-subject analysis. *Physiology and Behavior, 92*, 186–192.

第八章

Barr, S. (1997). *Tapestries: Exploring identity and culture in the classroom.* Tucson, AZ: Zephyr Press.

Carter, R. (1998). *Mapping the mind.* London: Weidenfield & Nicholson.

Dispenza, J. (2007). *Evolve your brain.* Deerfield Beach, FL: Health Communications.

Howard, P. (2000). *The owner's manual for the brain* (2nd ed.). Atlanta, GA: Bard Press.

Jensen, E. (2006). *Enriching the brain.* San Francisco: Jossey-Bass.

Kotulak, R. (1997). *Inside the brain.* Kansas City, MO: Andrews McMeel.

Sapolsky, R. (1998). *Why zebras don't get ulcers.* New York: W. H. Freeman.

第九章

Beamon, G. W. (2001). *Teaching with adolescent learning in mind.* Arlington Heights,

IL: Skylight Professional Development.

Feinstein, S. (2004). *Secrets of the teenage brain: Research-based strategies for reaching and teaching today's adolescents*. Thousand Oaks, CA: Corwin.

Krepel, W. J., & Duvall, C. R. (1981). *Field trips: A guide for planning and conducting educational experiences*. Washington, DC: National Education Association.

Silver, H., Strong, R., & Perini, M. (2000). *So each may learn: Integrating learning styles and multiple intelligences*. Alexandria, VA: Association for Supervision and Curriculum Development.

Sprenger, M. (2005). *How to teach so students remember*. Alexandria, VA: Association for Supervision and Curriculum Development.

Tate, M. L. (2003). *Worksheets don't grow dendrites: 20 instructional strategies that engage the brain*. Thousand Oaks, CA: Corwin.

Thiers, N. (Ed.). (1995). *Successful strategies: Building a school-to-careers system*. Alexandria, VA: American Vocational Association.

Tileston, D. W. (2004). *What every teacher should know about classroom management and discipline*. Thousand Oaks, CA: Corwin.

U. S. Secretary's Commission on Achieving Necessary Skills. (1991). *What work requires of schools: A SCANS report for America 2000*. Washington, DC: U.S. Department of Labor.

第十章

Budd, J. W. (2004). Mind maps as classroom exercises. *Journal of Economic Education, 35*(1), 35–46.

Coggins, D., Kravin, D., Coates, G. D., & Carrol, M. D. (2007). *English language learners in the mathematics classroom*. Thousand Oaks, CA: Corwin.

Deshler, D., & Schmaker, J. (2006). *Teaching adolescents with disabilities: Accessing the general education curriculum*. Thousand Oaks, CA: Corwin.

Feinstein, S. (2004). *Secrets of the teenage brain: Research-based strategies for reaching and teaching today's adolescents*. Thousand Oaks, CA: Corwin.

Goldberg, C. (2004). Brain friendly techniques: Mind mapping. *School Library Media Activities Monthly, 21*(3), 22–24.

Gregory, G. H., & Parry, T. (2006). *Designing brain-compatible learning* (3rd ed.). Thousand Oaks, CA: Corwin.

Jensen, E. (2007). *Brain-compatible strategies* (2nd ed.). Victoria Australia: Hawker Brownlow Education.

Marzano, R. J. (2007). *The art and science of teaching*. Alexandria, VA: Association for Supervision and Curriculum Development.

Posamentier, A. S., & Jaye, D. (2006). *What successful math teachers do, Grades 6–12: 79 research-based strategies for the standards-based classroom*. Thousand Oaks, CA: Corwin.

Ronis, D. L. (2006). *Brain-compatible mathematics* (2nd ed.). Thousand Oaks, CA: Corwin.

Sousa, D. A. (2007). *How the special needs brain learns* (2nd ed.). Thousand Oaks CA: Corwin.

图书在版编目（CIP）数据

教育与脑神经科学 /（美）苏泽等著；方彤，黄欢，王东杰译 . —上海：华东师范大学出版社，2013.11

ISBN 978 - 7 - 5675 - 1471 - 3

Ⅰ.①教 ... Ⅱ.①苏 ... ②方 ... ③黄 ... ④王 ... Ⅲ.①脑科学－神经科学－应用－教学理论－理论研究 Ⅳ.① G42

中国版本图书馆 CIP 数据核字（2013）第 285087 号

大夏书系·西方教育前沿

教育与脑神经科学

著　者	大卫·苏泽 等
策划编辑	李永梅
审读编辑	任红瑚
封面设计	奇文云海·设计顾问
责任印制	殷艳红

出版发行	华东师范大学出版社
社　址	上海市中山北路 3663 号　邮编　200062
网　址	www.ecnupress.com.cn
电　话	021‐60821666　行政传真　021‐62572105
客服电话	021‐62865537
邮购电话	021‐62869887　地址　上海市中山北路 3663 号华东师范大学校内先锋路口
网　店	http://hdsdcbs.tmall.com/

印 刷 者	北京密兴印刷有限公司
开　本	700×1000　16 开
插　页	1
印　张	13
字　数	160 千字
版　次	2014 年 4 月第一版
印　次	2022 年 10 月第十三次
印　数	58 101–61 100
书　号	ISBN 978‐7‐5675‐1471‐3/G·7033
定　价	35.00 元

出 版 人	朱杰人